启迪心智
情声和谐

贺曾致《朗诵艺术指要》出版

方明
二〇〇七年八月廿四日

新编播音员主持人训练手册

曾致 编著

朗诵艺术指要

{第2版}

rt of
Recitation

中国传媒大学出版社
·北京·

目录

序

曾致的新作《朗诵艺术指要》即将付梓，书稿翻阅一过，从中感受到了他那孜孜不倦的学术追求，体味到了他那业精于勤的治学态度。在朗诵艺术的实践和理论上，他做了多年的积累，并且考察和分析了这门艺术的来龙去脉，梳理和提炼了各类精品的风格特点，因此，他是有足够的发言权的，不少观点富有新意，有些见解独具慧眼。我愿意借此机会，写下自己的一点看法，以就教于读者。

一、启蒙与普及

今天，我们写信、上网等，使用的汉字大家都能认识，所以不存在理解上的障碍。如果没有秦始皇的"书同文"，恐怕就不会这么方便了。就像文字的发展一样，语言也要经过从杂多到统一的过程，而不可能一蹴而就。

语言的发展，由家族、部落等群居生活劳作中的各种语音词汇，逐步形成地域方言，各个方言再经过分化、融合等变迁，便有了不同时期的表现。当下的几大方言区，只是语言发展的一个阶段，以后还要遵循语言规律，继续向前发展。可以肯定的是，随着人类社会生活的全球化、信息化，随着国际各类交流的日益频繁，语言规范化的趋势必然不可阻挡，某些语言(包括某些方言)会消亡，某些语言会更广泛地普及。这其中，有声语言的规范化、审美化要求，已经成为刻不容缓、迫在眉睫的事情。

值得注意的是，我们早就颁布了《国家通用语言文字法》，但对于有声语言的认识，显得如此忽视、轻视、蔑视，仍旧停滞在“重文轻语”的阶段，几乎没有什么提高。日常生活中不经意，语文教学中不在意，广播电视中不注意，学术研究中不留意，致使以“不标准”为“有个性”，以“港台腔”为“新风格”，以“男声女气”为“大趋势”，以“女声嗲气”为“贴近性”……我们的青少年、婴幼儿在潜移默化、耳濡目染中，也受到了极大的影响。语言中的是非、优劣，遭到了十分严重的误解和扭曲。

我们必须进行启蒙，我们必须进行普及！

二、有稿与无稿

文字语言和有声语言一直是并行不悖、相辅相成的。虽然有源流的关联，虽然有功能的差别，却从来没有高低贵贱的截然分野。常识告诉我们，乡野村夫中不乏能写会算的本事，达官贵人更离不开口传心授的技能。有哪一个读书人拒绝吟诵诗文？有哪一个识字者只写信而不去念信？在我们的日常生活中，书卷是写出来的，更是念出来的！平时说话，固然不必把每个字都写下来再去说；任何出声念出来的文字，也不可能都是自己的创作！正因为如此，我们不要听信那些好心人的建议：说话，得说没有稿子的话；念东西，得念自己写的诗文！否则，就会消极被动，变成文字的附庸，变成别人的传声筒！这个建议好不好呢？好像不太对。为什么不能写下来再说呢？为什么不该念别人写的东西呢？人人都这样做，自己写的诗文，别人就念不得；别人写的诗文，自己也念不得。那该怎么去体味、欣赏、交流、传播呢？把自己封闭起来，以自我为中心，虽可自娱自乐，却远离了社会，隔绝了群体，如何“全面发展”，如何“服务人民”呢？

朗诵，就是把古圣先贤及今人的名篇佳作，把那些有传播价值的文字作品，拿来仔细揣摩，深入理解，加强感受，引发感情，转化为有声语言，给更多的人欣赏。让大家从中获得审美愉悦。这就如同广播电视播音员、主持人的“有稿播音”，只有“锦上添花”，才能满足广大受众的信息需求和审美期待。朗诵者必须对文字作品进行再认识，把自己的知识积累同作者的思想深度加以结合，把自己的生活体验同作者的感情浓度加以沟通，实现伽达默尔提出的“视域融合”，然后化成有声语言的一定样式，激情洋溢地、恰如其分地、抑扬顿挫地、悦耳动听地向听众、观众“传达”，并从“表情达意、言志传神”的朗诵中，认识了作者，理解了作品，领会了朗诵，得到了美感，同时，也为无稿说话储备了丰富的词语，打下了坚实的功底，激发了思维的灵性，提升了审美的能力。

古人写的东西自己不可能朗诵了；今人写的东西自己不善于朗诵了。这些宝贵的文字，只好交给朗诵者去开掘，去传诵了。于是，一代又一代朗诵艺术家用他们那精湛的表现力，创作出无数艺术典范，树起了多少丰碑，供后人世代传颂。他们的成就表明：文字语言转化成有声语言，是一种不可替代、不容贬低的创作，我们只有发扬光大的义务，而没有弃之如敝屣的权利！

让我们坚持：“有稿播音锦上添花，无稿播音出口成章”！

三、艺术与审美

艺术固然来源于生活，但是毕竟不是生活本身。因为，艺术是生活的提炼，是阅历的凝聚，是智慧的结晶，是生命的合力。“台上一分钟，台下十年功”，是投身艺术、献身艺术的人们不可回避的“炼狱”之旅。懒散怠惰是艺术的大敌，偷奸取巧是艺术的陷阱。朗诵艺术尤其需要勤学苦练，自强不息。

追名逐利，同艺术背道而驰；蝇营狗苟，同艺术譬若霄壤。艺术产生美，而美又生于善，善当然从真来。失去真、善、美，就不会有艺术。用一句通俗的话概括，艺术就是用最小的力量，达到最大的效果。那“最小的力量”，凝结了多少日日夜夜，多少精力血汗！穷其毕生，也走不到“炉火纯青”、“登峰造极”的境地，总有瑕疵，总有缺憾。即使“瑕不掩瑜”，还会有时代的局限、认知的疏漏。这样，艺术便在通向未来的道路上，蕴含着无尽的宝藏和无穷的魅力。思想的干瘪、知识的浅薄、良知的缺失、手法的单调，往往使艺术沦落为匠技，不可能产生真的坦荡、善的皈依、美的震撼和新的境界！

朗诵者要掌握朗诵艺术，首先，要塑造自己的人格，真诚大度，善良忠厚，“己所不欲，勿施于人”。其次，要勤奋坚毅，锲而不舍，知难而进，不骄不馁。再次，要虚怀若谷，广采博收，精益求精，闻过则喜。最后，要刻苦钻研，深入体味，只争朝夕，持之以恒。

朗诵者必须先学会发现文字作品的精髓，发现美。在咀嚼中，感受作品里的粗犷美、豪放美、高雅美、深沉美、温柔美、婉约美、通俗美、轻盈美，总之，多重和谐美、整体和谐美。

朗诵者还要善于把握自己的优势和强项，着力扬长避短。从选材到分析，从背诵到朗诵，都要以“真实的身份、真诚的态度、真挚的感情、真切的语气”去驾驭文字作品，活化为自己最擅长的技巧，转化为自己最淳朴的表达。

审美的基本表达、特色表达和风格表达，都属于审美范畴。根据日积月累的独特体验、独特感受、独特表达，经过长期磨炼，每位朗诵者都可以形成自己独特的朗诵风格。但不要一味地追新求异、集怪猎奇，不顾文字作品的内容和形式，只是去寻求同他人的“区别”，这就曲解了“艺术个性”的内涵和价值！

我们应该捍卫艺术的科学路径、审美的民族精神！

四、历史与现实

在众多的文字作品中，我们大体可以分为“历史的”和“现实的”两大类。这两类作品的朗诵，应该加以区分，不可混淆。

目前的朗诵创作中，经常出现“历史的”缺乏历史感，“现实的”缺乏深刻性。原因在于没有处理好朗诵者同文字作品的关系，理解不透，感受不深，把握不准，表现不力。

“历史的”，大多属于“过去的”，如古代的、近代的作者的作品。其中，往往借题发挥，表达思古之幽情，写当时之心貌。朗诵者必须深味个中情调，回溯感必须十分强烈。回溯感，就是“遥想当年”、“设身处地”的时空感和驾驭感。当然不必完全模拟古人，扮演古人，但是，更不能完全陷入今人的心境，用当下的气象和语气，单纯表现今天的时态。尽管朗诵者有自己的判断和理解，也不能淡化古人的蕴含，甚至取代、替换古人的语言特点和表现风格。要善于表现历史的厚重感，把古人的思想感情恰当地表达出来。失去历史厚重感，就会缩小想象空间，就会显得干瘪生硬。

“现实的”，大多属于“现在的”，如现代的、当代的作者的作品。其中，不论是记叙、描写、抒情，还是议论，都属于今天的人说今天的话。虽然容易理解和感受，但却容易停留在文字语言表层，容易忘记作者而蜕变成朗诵者自己个人的东西。其实，原作中间那些文字语言里边不能表达、不愿表达、不好表达、不宜表达的内容和话语，更需要朗诵者用心思考、潜心感受，挖掘出那些隐含着的、深藏着的蕴藉，使之显露，使之明朗，让听者能够觉察到、体味到。从思维过程、词语序列到表现方式，都要抓住作品的主旨和风格，理清脉络，再现情景，凸现特点，凝聚重点，就不会浅尝辄止了。

朗诵，不是念书，更不是念字，要有激情、意境和韵律。“感人心者，莫先乎情”。这是至关重要的。古人之情，今人之情，不仅有色彩和分量的不同，还有主体把握的身份差异，有主体驾驭的个性区别。这就要在理解感受和声音处理上下功夫。

五、情调与腔调

朗诵，以文字作品为依据，而文字作品所饱含的激情、意境和韵律，就一定要通过有声语言充分地表现。因此，还要注意朗诵创作中如何把握“情调”，如何运用“腔调”。

情调，是文字作品同有声语言珠联璧合的产物，它表现出朗诵者的知识储备、文化修养、人生感悟和表达技巧。它是一种“会、通、精、化”的锤炼过程和结果，它是“感性—知性—理性—悟性”的融通过程和结晶。它既是文字作品的生发，更是有声语言的合成。朗诵者必须善于区分各个文字作品的基本情调，感受到“这一篇”跟“那一篇”的差别，并能让人体会到“个中滋味”。

腔调，是有声语言表达中的“规格”，既有声音的态势和趋向，又有词语的推进和意味。在声音形式上，有“唱腔”、“韵白”、“评书”、“快板”、“单弦”、“民族唱法”、“通俗唱法”等等。一切艺术语言表达，都忌讳“固定腔调”。所谓固定腔调，就是脱离具体内容，从习以为常的思维定式出发，沿着惯性的轨迹，省心省力地在声音的既定套路里行进，显得胸有成竹，从容不迫，却造成“以不变应万变”的空泛表达。任何腔调，包括戏剧、曲艺、歌唱、朗诵、播音，只要出现了固定腔调，就意味着思想感情表达的僵化和死亡。只有摆脱了它，才可能使有声语言迸发生命活力，产生特有的吸引力、感染力和艺术魅力。

朗诵的固定腔调，总是游离于内容、体裁、风格之外，拉腔拖调、忽起忽落、停连无度、重音含混、语气飘忽、节奏紊乱，粗听似乎“像朗诵”，细品便知“不对味”。这种情况，有的是在模仿过程中不自觉地抓住了皮毛，走了弯路；有的是在练习过程中有意识地找到了“捷径”，入了歧途。事实上，在学习的道路上，只有遵循规律，不畏艰苦，认真揣摩，反复体味，坚持“内容决定形式，形式反作用于内容”的原则，才可能渐入佳境。

但是，我们决不笼统地反对“腔调”，因为，任何艺术都有自身的审美特点和历史积淀，总会存在着区别于其他艺术形式的明显的特征。朗诵的艺术特征或许可以简括为：依据文字语言，进入预设情境，加强内心感受，引发真挚感情，增大唇舌力度，拓开重点词语，拉动抑扬幅度，渲染意境气氛，等等。那基本要求，仍然不能违背“理解是基础，目的是统帅，感受是关键，感情要运动，声音要变化，状态要自如”的规律。如果把朗诵完全变成日常生活的说话，那就同朗诵大相径庭了。

朗诵是个体劳动的产物，是创作主体艺术个性的展现，是文字作品与有声语言的融通升华，是文化传统与时代精神的互动互补，是传播先进文化、和谐文化的一翼，是提供大众审美愉悦的重要渠道。

我们呼吁：让朗诵活动更广泛地开展起来吧！让朗诵教育更深入地进行下去吧！

有感而发，即兴议论，兴许是画蛇添足？就权作“烂序充数”好了。

草于“三书屋”

2007年7月20日

1

朗诵的概念

作为朗诵的本义，根据《说文解字》的解释，大概与“诵”、“咏”、“吟”等相类。朗，是指声音的清晰、响亮；诵，是背诵、诵读。朗诵，也就是用清晰、响亮的声音，结合各种语言表达手段来完善地表达作品思想感情的一种艺术。

朗诵艺术的起源目前在业内和艺术界还并没有比较权威和确定的考察结果，但是根据其形式和特点，我们可以看到，无论在中国还是在西方，都能找到朗诵艺术的雏形。

早在先秦时期，我国的史书文献中就出现了有关“诵”的记载。我国第一部历史散文《尚书·舜典》中写道：“诵其言谓之诗，咏其声谓之歌。”从这句话我们可以判断，当时已经有了“诵”的形式。《汉书·艺文志》中写道：“三百五篇遭秦火而全者，以其讽诵，不独在竹帛也。”这就是说，2500多年以前，我国第一部诗歌总集《诗经》，虽遭秦始皇“焚书坑儒”，但依然能保留下来，主要就是因为有广大劳动人民的口头传诵，并传之不朽。到了汉代，古文字学家郑玄认为，“以声节之曰诵”，意思是用声音把诗的节拍表示出来就是“诵”。到了魏晋南北朝时期，佛教开始在中国兴盛，人们对于佛经的诵读非常讲究声调和节奏，沈约前后，陆续创造并倡导了“四声八病”之说，这对诗文诵读产生了很大的影响。到了唐宋，朗诵就已经十分盛行了，大诗人杜甫在《解闷十二首(之七)》中写道：“陶冶性灵存底物，新诗改罢自长吟。”宋代文学大家陆游也非常推崇诵读，他在《剑南诗稿》中写道：“横陈粝饭侧，朗诵短檠前。”由此可见诗人对朗诵的喜爱。在元代，元曲这一新诗体的出现，虽是一种唱的形式，但其中融入了朗诵的元素。到了明清，著名文学派别桐城派提出的“因声求气”，足见当时人们对“朗诵”艺术的新认识。

在西方，古希腊就有了朗诵的萌芽，话剧的发展使其中的独白逐渐发展成了相对独立的艺术形式，也可以看作是朗诵艺术的前身。

朗诵，就是把文字作品转化为有声语言的创作活动。书面文本是由文字铺陈占据空间而形成的，用于视觉接收的信息载体，而朗诵要把这样的空间性媒体转变成占据时间的线性演绎，并且由受众的听觉和视觉来接受。

朗诵有利于深入体会文章的内容和思想感情。古语说：“书读百遍，其义自见。”说的就是朗诵的重要性。自古以来，人们都非常重视朗诵，“熟读唐诗三百首，不会作诗也会吟”，是人人都知道的名言，而白居易则是读书以至“口舌成疮”方有大成；韩愈则是“口不绝吟于六艺之文”始成大家。朗诵是口语交际的一种重要形式，不仅可以提高阅读能力，增强艺术鉴赏水平，更为重要的是，通过朗诵，宏观而言，可以陶冶性情，开阔胸怀，文明言行，增强理解；微观而言，可以有效地培养对语言词汇细致入微的体味能力，以及确立口语表述最佳形式的自我鉴别能力。朗诵是一种重要的语言能力，它要使用视觉、听觉、运动觉等，通过中枢神经，进行多渠道的信息反馈和协调活动，可反映注意力的稳定性、注意力的分配转移。汉字形体变化复杂，朗诵可反映人观察的精细性、敏锐性。朗诵要迅速提取已识记的字词，可反映人记忆的持久性、清晰性。朗诵的停连、轻重、语气、节奏等，需要根据上下文的关系、意义确定，若能及时作出符合原文含义的表达反应，则可反映思维的敏捷性、灵活性和深刻性等。

长期以来，朗诵一直伴随着我们的生活。在战争年代，朗诵成了斗争的有力武器，许多仁人志士振臂高呼，倾情吟诵发自肺腑的诗文佳作，向民众宣传救国救民的道理，传播强国富民的知识。在新中国建设时期，很多热血青年在一些著名诗篇的激励下，满怀豪情地到边疆、到祖国最需要的地方，去建设社会主义国家。朗诵艺术作为一门以有声语言表达为形式的艺术，特别是以经过历史长河积淀的优美的华美篇章为文本，表达民族的激情和深情，已经作为一种历史的象征、一种文化的遗产、一种不灭的精神，广为传颂，深入人心。在改革开放的新时期，朗诵更是以其巨大的艺术魅力为人们所喜闻乐见，它被广泛运用于艺术表演、语言考级、教学活动、广播电视和人际交往中。

1998 年，在赵朴初、南怀瑾、冰心、夏衍、启功等文化名人的积极倡导下，中国青少年发展基金会推出了“中国古诗文诵读工程”，并在全国 100 个县试点，其目的旨在“传承光大中国的传统文化，从诵读经典著作开始抓起”。雅言传承文明，经典浸润人生。

为纪念齐越等老一辈播音艺术家，传承发扬以“齐越精神”为代表的新中国播音事业的优良传统，北京广播学院播音系（即如今的中国传媒大学播音主持艺术学院）于 1996 年创办了“齐越朗诵艺术节”，每年举办一届，每届一个主题。2004 年 6 月，“齐越节”更名为“齐越朗诵艺术节暨中国大学生朗诵大赛”。比赛的目的就是为了在青年学子当中发掘朗诵人才，弘扬朗诵艺术，传承中华文化。目前，这一赛事影响日大，不仅成为播音主持专业学生“用声音记录历史，用声音纪念辉煌，用声音展现风采，用声音创造明天”的语言盛会，也为各界朗诵爱好者提供了一个展示、学习、交流的舞台。从2007年开始，教育部、国家语言文字工作委员会、中央文明办共同推出了“中华诵·经典诵读大赛”，活动每年一届，影响广泛。2010年，由中央人民广播电台主办的“夏青杯”朗诵大赛正式推出，大赛以新中国第一代著名播音员夏青名字命名，期望以此促进朗诵艺术的普及和发展，挖掘和培养播音主持人才。中国朗诵界翘楚倡议：“以诗与诵之美，重拾阅读习惯，维护民族语言的传统美感和纯洁性，传承并弘扬民族传统文化，创造更诗意的明天。”如今，各种学术团体应运而生，理论研究不断深化，朗诵群体日益庞大，各类大赛丰富多彩，网络资源快捷便利，朗诵艺术在中国大地正方兴未艾，一片繁荣……

2

朗诵是创作

朗诵是朗诵者的一种再创作活动。这种再创作，不是脱离朗诵的文字材料去另行一套，也不是按字读音、照本宣科的一种简单、机械的言语活动，而是要求朗诵者通过原作，用有声语言传达出原作的主要精神和艺术美感。不仅要让听众领会朗诵的内容，而且要使其在感情上受到感染。

首先，朗诵是一种有意识、有目的的语言表达活动；其次，朗诵是一种理清思路、调整心路的艰辛劳动，朗诵者必须在深入理解和具体感受的前提下，让文字作品入脑入心，动之以情；再次，朗诵是一种由静态的文字语言的存在状态向动态的有声语言的存在状态转化的过程，即“音声化”过程；最后，朗诵是一种有始有终的、独立稳定的、具有一定成果形式的有声语言活动。当然，那种结结巴巴、断断续续、自言自语、有头无尾、敷衍了事的“随便念念”、“读着好玩”就不是创作了。还应指出，文字语言的高级形态是文学语言，应是经过反复推敲、字斟句酌的，作为朗诵者的创作文本和创作依据，是需要具有一定人文内涵、文化品位和艺术价值的。实践证明，有声语言具有独立表达的品格，它可以改变文字语言的语意方向、感情色彩和美学尺度。

张颂教授指出，我们要加大朗读主体驾驭文字语言的能力，在以文字语言为创作依据的前提下，提升自身话语权的认知，增强个人社会语境的意识，使朗读创作在“视域融合”的积淀中，逐渐增加大美学元素,形成趋向美学理想的态势,甚至进入形成独特风格的境地。

朗诵与其他学科联系紧密,比如同语音学的关系:朗诵是语音学的一个分支,因此,朗诵一般不能违背语音学的基本原则,不能脱离语言规范。又如,同文学的关系:朗诵所依据的文字作品大都为文学作品。只有深入地了解、认识和掌握文学理论方面的知识,才能更好地、更准确地将文字作品转化为有声语言。还如,同逻辑学的关系:无论是文字作品还是有声语言一般都要达到传情达意的目的。因而都要符合和遵循形式逻辑,比如条理性、层次性、清晰性等。尤其是有声语言,它本身就有高低、轻重、缓疾、抑扬、起伏、褒贬色彩在里面,更要求逻辑性。再如,同生理学的关系:朗诵只能依靠人的发音器官、发声机制起作用,这涉及发音生理方面的知识。了解这些方面的知识,再加上良好的声音条件,朗诵者的表现才能更有魅力。

朗诵,究其本质,是一种口头语言行为,虽然必须忠实地依据书面文本,却又要调整到一种符合听觉、视觉感知规律的呈现方式上来。作为一种独立的社会现象,理解文本的过程并不是简单机械地照本宣科,应包含着创作者主体性的发挥、主体生命经验的融入,也就是西方哲学家伽达默尔所说的"视界的融合"。朗诵艺术是名副其实的二度创作,它早已从生活语言中脱颖而出了,不仅具有表情达意的功能,还能体现出人们对语言艺术的完美追求。

3

朗诵是艺术

朗诵不仅是一项社会文化活动，更是一门高雅的语言艺术，播撒着真善美。文学作品对于朗诵者而言是“输入”，而朗诵则是朗诵者的“输出”。朗诵者必须做好“输入”与“输出”的转换工作，根据有声语言的艺术表达规律以及口语传播规律增加创作元素，使自己的朗诵作品成为一件艺术作品。同是一首诗或一篇散文，干巴巴地念读和声情并茂地朗诵，其效果是截然不同的，给受众的感受、感染、影响也是完全不同的。对于好的朗诵，人们会由衷地发出赞叹：“真美！”这“美”指的是音乐的美、艺术的美。朗诵时，语气的轻重、语调的高低、语速的快慢，加上情感的起伏迂回，形成了或铿锵有力，或婉转缠绵，或回环往复，或一泻千里的音乐之美。它最大限度地调动了朗诵者的听觉、视觉、触觉，叩击他们的灵魂，拨动他们的心弦，使其产生强烈的共鸣，获得美好的艺术享受，并由此而逐渐提高人们的审美情趣。朗诵还可以激发人的情感美。声情并茂的朗诵有助于文中所蕴含感情的抒发与宣泄，使静态的无声的文字转化为动态的有声的具体情景，从而激发听者的情感美。

朗诵所凭借的文本依据一般都是一些文学作品，相比其他艺术样式，文学作品的形象性、艺术性更为丰富。形象是文学艺术区别于科学的一种反映现实的特殊手段，即根据现实生活的各种现象加以艺术概括，创造出具有思想性和艺术感染力的具体的、生动的图画。朗诵者要完成朗诵，必须运用灵活多变的有声语言来描绘形象、刻画形象。可以说，好的朗诵可以使读者、听者、作者的情感交融在一起，化为一种难以言传的情感力量，拨动人的心弦，撼动人的灵魂。

如散文《白杨礼赞》，作者由衷地赞美了白杨树，从白杨树的外形到内在精神，再到抗日军民的精神和意志，感情层层深入，逐步推向高潮。反复朗诵，自然会激发我们对白杨树、对英勇的抗日军民的钦佩、热爱与赞美之情。如在朗诵臧克家的诗歌《有的人》时，必须对社会中存在的“这种人”、“那种人”有鲜明的评价立场，爱憎分明。在朗诵朱自清的散文《背影》时，要深刻体验由诚挚而又含蓄的父爱所产生的感恩与感激之情。

朗诵，还可以激发人的艺术想象力。美文佳作都具有极佳的意境美，而这种美常常是无法用语言表达的，正所谓“只可意会不可言传”，这意境美是需要借助想象实现的。朗诵，将文字创设的意境美展示出来、让人们产生身临其境般的感觉，必须有合乎情理的想象。朗诵杜甫的诗歌《春夜喜雨》，就会产生春雨细密，悄然润物，诗人喜不自禁的联想；朗诵毛泽东的诗歌《沁园春·雪》，就会使人联想到辽阔无边、无限美好的北国雪天风光图；朗诵朱自清的散文《春》，就会激发、升腾盼春、绘春、赞春的情绪，营造出美好的遐想空间。

有人说，朗诵像春天的惊雷催人奋进，朗诵像初夏的细雨润人肺腑，朗诵像秋日的清风驱人愁云，朗诵像寒冬的阳光暖人心房，朗诵是艺术百花园中一朵争妍夺目的奇葩。人们追求美，欣赏美，创造美，也就是说，美推动了人类社会的进步。正如张颂先生所言：“朗诵是个体劳动的产物，是创作主体艺术个性的展现，是文字作品与有声语言的融通升华，是文化传统与时代精神的互动互补，是传播先进文化、和谐文化的一翼，是提供大众审美愉悦的重要渠道。”可以说，朗诵为我们认识美、欣赏美、创造美提供了一方良好的艺术天地。

4

朗诵的状态

张颂教授认为，朗诵者在朗诵过程中，必须获得并保持正确的状态。状态，就是指朗诵者在朗诵过程中表现出来的形态，包括心理状态与生理状态两大方面。不过，心理状态是主导方面。朗诵状态不正确，或过分紧张，张口结舌；或过分懈怠，无精打采；或激动万分，千头万绪；或追求技巧，三心二意；或腔调固定，色彩单一……这一切都不可能把自己的全部准备工作付诸现实，朗诵者对作品的理解、感受、构思、设计，便会付之东流。由此可见，朗诵状态正确与否，是朗诵成败的关键。

正确的朗诵状态一是要信心百倍，积极主动。正确的朗诵状态，首先是精神状态正确。为了传达朗诵的作品内容，以事省人，以理服人，以情感人，朗诵者要由衷地感到作品的深刻、丰富，预见到它对听者所具有的多方面教益，以及听者可能从中获得的美感享受。朗诵者一定要引发出比较强烈的朗诵愿望，要有一种渴望立即朗诵的迫切感——如此优秀的作品，朗诵它本身就是一种享受，自己一定要尽力展现出作品的面貌和魅力，诉诸有声语言之后，会使听者有更多的收益。

二是要全神贯注，进入作品。所谓全神贯注，就是在朗诵时集中注意力，排除干扰，全力以赴，把全部精力都倾注在朗诵中，倾注在朗诵的作品中。进入作品，就是把作品的内容、语言化为自己的理解与感受，化为自己的思维过程、心理活动；要主动去揭示语言本质及逻辑链条，要设身处地、寓情于景，加强形象感受；要尽力引发思想感情的运动状态，紧紧抓住与听者的交流感；要在整体运筹之中具体加以把握。

三是要动脑动心，有感而发。在朗诵的准备过程中，朗诵者获得了对朗诵内容的深刻理解和具体感受，但这并不能保证在朗诵过程中也有相同范围、相同程度的思想感情和运动状态形之于声。也就是说，如果在朗诵时不能把那深刻的理解、具体的感受再一次唤起，不能在形之于声时既动脑又动心，不能句句情动于衷、有感而发，那么，任何充分的准备与钻研、体味与酝酿，也只能是功败垂成。这里的关键，是“第二次唤起”。第二次唤起，是朗诵状态中最重要的组成部分，是正确的朗诵状态的标志，是进入朗诵内容的必备条件。在朗诵时，应该做到“见文生情”，即，看到文字，又看到内涵；再现场景，又引动感情；产生表象，又把握本质……几乎同时涌现出来，在脑际萦回，在脑中激荡，在声音中流露。

四是要速看慢读，由已达人。除背诵外，朗诵总是要按照作品的文字序列进行，我们必须紧紧抓住“看—想—读”这个过程。正确的朗诵状态，要求朗诵者正确处理好这三者的关系，既不能颠倒它们的顺序，也不应忽视、省略某一个环节。当我们的眼睛看到作品的字词时，当然要反映到脑子里，而后再就字出声。在就字出声的同时，视线已经转向下一组字词。如此不断循环往复。在边看边读、边读边看的过程中存在着纵横交错、表里合一的复杂情况。从纵向看，有字形、字音、字义的深化，也有字词、语句的深化；从横向看，有见字连词组句和读字读句的双重轨道。这双重轨道，是交叉重叠、先后错开的，不是完全重合、同时并进的。在这纵横交错的双轨行进中，我们不但要获得形象感受，还要获得逻辑感受，进而情动于衷，声形于外，达到表里合一。

5

作品的选择

朗诵是一门传情的艺术。朗诵者要想很好地传情，引起听众的共鸣，就要注意朗诵作品的选择。

文学作品是一种社会意识形态，它产生于人类的劳动，并随着生产力的发展及人类社会的发展而发展。文学作品最初是由口头文学发展而来的，口头文学又发展到书面文学，并逐渐产生各种文学体裁。

朗诵者，首先，要选择那些语言具有形象性而且适于上口的作品，因为形象感受是朗诵中一个很重要的环节。干瘪枯燥的书面语言即使对于具有很强感受能力的朗诵者来说，也很难形成丰富的形象感受。

其次，要根据朗诵的场合和听众的需要，以及朗诵者自己的爱好和实际水平，在众多作品中选出合适的作品。一般来说，一是应选择朗朗上口的文学作品。朗诵毕竟是一门听觉的艺术，需要让受众从有声语言的“音声性”中获得审美享受。二是不宜选择平淡无味、缺乏情节和高潮的作品。朗诵也和写文章一样，“文似看山不喜平”，如果作品本身没有亮点，就会导致朗诵者的表达平淡、缺少活力与动感。三是不要选择与自己性别、个性、年龄、身份不相吻合的文章。例如，高大魁梧的男生读《狼和小羊》，声音纤细甜美的女生读《将进酒》都不太合适。如果是中学生参加各类朗诵活动或竞赛，或参加播音、表演等专业考试，也不宜选择那些关于男女情爱之类的缠绵诗文。四是在比赛或大型演出的场合，不宜选择哲理性太强的文章。近年来市场上比较风行的“精品美文”有的写得确实不错，但有的“只好看不好读”，夜深人静时，捧读一下、欣赏一下还不错，因为这类作品大多是作者个性化的内心倾诉，似喃喃低语，并不一定适合我们拿来当作朗诵作品当众放声高歌，那样反而破坏了作品的美感，让人觉得极其不自然。五是不宜选择那些明显“过季”的作品。有的文章属于特定的时代产物，文字表达方式明显不合时宜，有的提法甚至是错误的，应尽可能不要选择这类作品。

总之，我们提倡朗诵者选择一些主题鲜明、积极向上、情趣高雅的诗歌、散文、童话、小说片段、寓言故事、新闻通讯，或情节曲折、起伏跌宕，或出人意料、引人深思，或幽默风趣、妙趣横生，或慷慨激昂、荡气回肠，或真切感人、催人泪下……如表现父爱、母爱、亲情、友情、爱情、师生情、家乡情、祖国情的作品，内容丰实、有血有肉，能给人以无穷的回味。

6

作品的把握

朗诵作品的原则是忠于作品。要忠于作品，朗诵前就必须熟悉和理解作品，要从作品的体裁、内容、主题、结构、语言风格等方面入手，充分解剖作品、分析作品，对作品形成强烈而完整的认同感，使作品的思想转化为朗诵者自己的思想，使作品的情感转化为朗诵者自己的情感。比如，普通话水平测试51号作品讲述一个小男孩智力受损心里却充满爱的故事。小男孩智力受损，他渴望被爱，同时存有一颗爱心。他把只写了三句话却得到老师最高分的作文《愿望》，作为生日礼物送给妈妈。妈妈被儿子的爱心感动得流下了热泪，把儿子紧紧搂到怀中。故事留给我们的是无尽的思索和启迪——一个智力受损的孩子，“爱”却永存心中，何况智力正常的孩子呢？又何况我们这些智力正常的成年人呢？故事启迪我们：不管对待什么样的孩子，都应给予真切的关爱。这样，孩子即使不能“成才”但一定能“成人”。对作品有了如此的认知，就可以为作品定下亲切而真挚的朗诵基调，然后在朗诵基调的统领下，采用舒缓真切的语气、朴实平和的语调，将作品内容娓娓道出，去感染听者，以达到为作品“传情”之目的。

准确地把握作品内容，透彻地理解其内在含义，是作品朗诵的重要前提和基础。朗诵中各种艺术手段的运用固然十分重要，但是如果离开了准确透彻地把握内容这个前提，艺术技巧就成了无源之水、无本之木，就成了一种纯粹的形式主义，也就无法做到传情，无法让听众动情了。

要准确透彻地把握作品内容，就要正确、深入地理解作品。朗诵者要透过字里行间，理解作品的内在含义，首先要清除字词障碍，搞清楚作品中的生字、生词、成语典故、专用术语等的含义，不能囫囵吞枣、望文生义。例如，李白《行路难》诗中“闲来垂钓碧溪上，忽复乘舟梦日边”这两句，就用了两个典故。诗人在心境茫然之中，忽然想到两位开始在仕途上并不顺利，而最后却大有作为的人物：一位是吕尚，九十高龄垂钓磻溪，得遇文王；一位是伊尹，在受汤聘前曾梦见自己乘舟绕日月而过。想到这两位历史人物的经历，又给诗人增添了信心。如果朗诵者不了解这两个典故，就很难真正理解这首诗。有些字词，在现代诗文和古典诗词中的意思并不相同，如“亡”，今义是“死”，古义是“逃亡”，《陈涉世家》一文中“今亡亦死”，“广故数言欲亡”中的“亡”皆是“逃亡”义。

其次，要把握作品创作的背景、作品的主题和情感的基调，这样才会准确地理解作品，才不会把作品念得支离破碎，甚至歪曲原作的思想内容。以高尔基的散文《海燕》为例，扫除文字障碍后，就要对作品进行综合分析。这篇作品采用象征手法，通过暴风雨来临之前、暴风雨逼近和即将来临三个画面的描绘，塑造了一只不怕电闪雷鸣，敢于搏风击浪，勇于呼风唤雨的海燕——这一“胜利的预言家”的形象。这部作品诞生之后立即不胫而走，被广大工人和革命群众在革命小组活动时朗诵，被视作传播革命信息、坚定革命理想的战歌。综合分析之后，朗诵时就不难把握其主题，即满怀激情地呼唤革命高潮的到来。进而，我们又不难把握这部作品的基调，应是对革命高潮的向往、企盼。例如杜甫的作品风格是以沉郁为主的，然而他的《绝句》“两个黄鹂鸣翠柳，一行白鹭上青天。窗含西岭千秋雪，门泊东吴万里船”却是清新欢畅的。这是为什么呢？这就需要朗诵者了解作者的创作背景。原来，这首诗写于安史之乱以后，饱尝战乱之苦的诗人回到成都草堂，此时他的心情非常好，面对生气勃勃的景象，情不自禁，兴到笔随，写下了这首即景之诗。了解背景，不仅是具体的写作背景，朗诵者还应尽可能了解作者其人，这样才能对作品把握得更全面、更深刻。

最后，要有丰富的想象。在理解感受作品的同时，只有伴随着丰富的想象，才能使作品的内容在自己的心中、眼前活动起来，就好像亲眼看到、亲身经历一样。例如李白的《黄鹤楼送孟浩然之广陵》，诗中没有一句对人的具体描写，但是这首诗的主体形象恰恰是人——作者李白把朋友送上船，站立江边，目送远去的风帆，一直看到帆影渐渐模糊，消失在碧空的尽头。帆影已经看不见了，他还在翘首凝望，一江春水，浩浩荡荡，流向远远的水天交接之处。诗人的身影、诗人的目光、诗人的神情，都清晰地浮现在我们的脑海之中。这就是朗诵者根据这首诗的主旨和意境想象出来的。再以陈然的《我的自白书》为例，在对作品进行综合分析的同时，可以设想自己就是陈然（重庆《挺进报》的特支书记），当时正处在这样的情境中：我被国民党逮捕，在狱中饱受折磨，但信仰毫不动摇。敌人把一张白纸放在我面前，让我写自白书，我满怀对敌人的愤恨和藐视，满怀革命必胜的坚定信念，自豪地写下了“怒斥敌酋”式的《我的自白书》。这样，通过深入的理解、真挚的感受和丰富的想象，使己动情，从而由己达人。又如通讯《大海中永生》，深情地对邓小平同志进行了缅怀和歌颂，这时候，人们自然会想到他生前所做的一切，心中满怀深情与眷恋。我们朗诵这个作品时应采用什么样的基调？是深情的缅怀，是深情的赞颂。怎么来把握？我们都曾有过类似的感受，送亲人是难过的。但这篇文章写的是小平同志去世后，要撒他的骨灰，因此赞颂应该多于悲恸，我们的起调不应该太悲切。朗诵者不要在每个字上表达情感，而要用饱满的感情带出一个完整画面，带领大家进入情境中。文章后面的几个“也许”，那不是想象，而是邓小平生前非常关心的事情。这个时候的情，不要在字面上死抠，一定要有真情实感，因为大家都是改革开放的受益者。如果没有真情实感，别人就不会有共鸣，这样的朗诵就是不成功的。

7

散文的朗诵

散文是与诗歌、小说、戏剧并列的一种文学体裁，是一种自由、灵活地抒写见闻感受的文体。散文形式自由，题材多样而带有艺术性，篇幅一般不长，能迅速地反映现实生活。散文的独特美质就在于，能够让我们通过一个十分精粹、亲切的形式，读到作者对于人生或自然的感悟。

散文的种类就其取材、立意、表达的不同，可分为叙事性散文、抒情性散文和议论性散文。

首先，散文具有写实性与文学性相统一的特点。散文写作者的所见、所闻、所思、所感，记录作者的生活和思想的真实经历，直接地体现作者的个性。散文创作虽然也允许某些细节有虚构的成分，但只是在真人真事的基础上进行的艺术加工，使其在真实的基础上具有较强的文学性。这种写实性与文学性的统一构成了散文的突出特性。

其次，散文具有形散与神聚相统一的特点。作者在自身生活、思想经历的基础上创作散文，既根据所见、所闻，又根据所思、所感来构思立意，选取材料。“寂然凝虑，思接千载；悄焉动容，视通万里”。凡览物之情，思路所急，都可连缀成篇，选材非常自由。所以散文的题材往往纵贯数千年，横亘几万里，海阔天空，汪洋恣肆。这就构成了散文的形散。但优秀散文的古今中外、天南海北的题材，却总是统率于作品的主题，贯穿于作品的线索。这线索或表现为物、为景，或表现为人的活动，但大都归结为思想感情的脉络。这又构成了散文的神聚。形散只是散文的表象，神聚才是散文的实质。作者可以根据表达主题的需要，不受时间、空间的限制，毫无拘束地选取材料，这是创作散文的方便之处。集纷繁题材于一篇，描南叙北，说古道今，写景状物，抒情写意，又使散文具有独特的艺术魅力。

最后，散文讲究布局谋篇和用词造句。散文篇幅短小，而题材又往往海阔天空、纷繁杂多，这就要求散文创作讲究布局、注意结构，从而达到繁而不乱、杂而有章。优秀散文除以思想感情的脉络贯穿全篇外，总是以精巧的布局谋篇把繁多的题材组织得疏密有致，浑然一体。它虽不像自然山川那样雄浑壮阔，却似精致园林的匠心布置，巧夺天工。散文精巧的篇章结构是作者巧妙构思立意的具体体现。分析散文的篇章结构，体会它内容与形式的完美统一，是欣赏、分析散文的一个重要方面。散文借助形象描写、意境创造来抒发感情，发表议论，表达主题。语言是形象和思想的物质外壳，没有准确的、富有表现力的语言，就无法描写出鲜明的形象，无法创造出深远的意境。散文的语言非常灵活，可骈可散，参差错落，富于变化。优秀散文作家都很注意锤炼语言，并在作品中体现出各具特点的语言美。有的质朴，有的华丽，有的简洁明快，有的含蓄凝重。不同风格的语言，服务于不同形象的描写和不同意境的创造，具有各自的表现力。散文朗诵的基本要领是：

（一）扣住感情

作者写自己的所见、所闻、所思、所感，直接抒发思想感情。

作者的思想感情是创作的基础，也往往成为贯穿作品的或显露、或隐藏的脉络。阅读散文时，扣住作者思想感情的脉络披文入情、析情，就能深入理解作品，并且提高阅读文章的能力。

比如散文《和时间赛跑》，运用的是间接抒情，其中有对外祖母去世后自己心路历程的记叙，也有对一些追赶时间行为的记叙，还有对时间和生命感悟的议论，而这所有的一切都是由情感的抒发串联起来的。再比如《荷塘月色》写于1927年7月，作者朱自清参加过“五四”运动，是新文学运动的主要人物之一，但在“四一二”反革命政变以后的白色恐怖中，他不满当时的黑暗社会现实，却又尚未找到出路；幻想超脱现实，而又不能超脱。这种复杂矛盾、苦闷彷徨的思想感情，既是创作《荷塘月色》的思想基础，又是贯穿全篇的脉络。他在文中刻意描写景物，创造意境，正是为了寄寓这种感情，表达这种心境。《荷塘月色》正是借抒发这种感情，曲折地反映了当时的黑暗社会现实，反映了当时一部分要求进步而尚未找到出路的知识分子苦闷彷徨的情绪和前进步履的艰难。再比如散文《路》，从人们日常见到的山路、水路、沙路、石路延伸到人生的前进之路，激励人们不畏险阻，不惧困难，开拓进取，奋力攀登。朗诵时必须紧扣这种情感，才能准确表达。

（二）探求意境

散文往往充满诗情画意。好的散文就像诗一样具有深邃的意境。作家总是在描绘客观物境之中融入自己的主观情感，从而构成一种情景交融、情理交融的艺术境界。在朗诵中探求散文的意境之美，不仅可以更好地理解散文的内蕴，而且可以陶冶朗诵者自身的心灵。散文中的意境，是饱含作者思想感情的艺术画面，蕴含着动人的生活激情、精辟的生活哲理、深刻的艺术美感。写山川景物的散文创造意境时往往采用借景抒情、情景交融、依情出理、托物言志的方式；写风土人情的散文创造意境时往往采用情不直抒、理不直陈、寓情于事、因事明理的方式。

每个散文作家在创造意境时，都有自己独特的艺术风格。如周作人的平淡隽永，刘白羽的雄壮瑰丽，杨朔的托物言志，秦牧的如线串珠贝的松散等。朱自清在《背影》中，写了特定情景下的父亲的背影，特别是离"我"有一定距离的背影，由于视觉角度的限制，省略了父亲的脸部及其正面表情动作的种种描绘，作者只是用极简练的速写笔法，抓住传神的细节，勾勒出一幅淡淡的背影轮廓画，但因为这个背影，是在一个特殊环境下活动着的背影，因而它就是这篇散文的聚光点。父亲的慈爱和迂执、艰难和努力、困顿和挣扎，都凝聚在这一点。把儿子对父亲一生的零星印象，以及百感交集的思绪都奔向一个中心进行集中、组合、强调，融聚成一个有机的艺术整体，创造出一种意蕴丰富、耐人寻味的艺术境界。比如范仲淹的散文《岳阳楼记》，通过对洞庭湖的不同景物和人们登楼时的不同心境的描写，抒发了作者"不以物喜，不以己悲"的胸襟，表达了作者"先天下之忧而忧，后天下之乐而乐"的思想境界。叙事、写景、抒情、议论巧妙结合，融为一体，意境深远。著名播音艺术家方明先生在朗诵这篇文章时认为，在追求"形象感"的同时，更要给人以理性的启迪，它的意境中有景、有情，更有思考的凝重。朗诵散文时，我们既要注意意境的探求，又要注意作者感情的抒发，将情、景、意三者有机地结合起来，以更好地体会散文的意境之美。

（三）品味语言

散文和诗歌、小说、戏剧不同，散文没有动人的情节，也没有尖锐激烈的矛盾冲突，更不刻意追求和谐的节奏、美妙的韵律。散文是语言的艺术，或庄或谐，或藏或露，或委婉或平直，或纤浓或清淡。散文以富有表现力的语言，创造丰富感人的形象。小至词句，大至篇章，在语言的运用上，散文家都是十分重视的。所以，散文的阅读，自始至终不能离开对语言的品味。而品味散文的语言，最重要的是要抓住散文中关键的字、词、句，细致体会其表达作用。

所谓散文中的关键字、词、句，不仅仅是指作者遣词造句之传神，还指其本身运用的艺术表现手法。如《荷塘月色》中写月光的一段："月光如流水一般，静静地泻在这一片叶子和花上。薄薄的青雾浮起在荷塘里。叶子和花仿佛在牛乳中洗过一样；又像笼着轻纱的梦。虽然是满月，天上却有一层淡淡的云，所以不能朗照；但我以为这恰是到了好处——酣眠固不可少，小睡也别有风味的。月光是隔了树照过来的，高处丛生的灌木，落下参差的斑驳的黑影；弯弯的杨柳的稀疏的倩影，却又像是画在荷叶上。塘中的月色并不均匀；但光与影有着和谐的旋律，如梵婀玲上奏着的名曲。"

这一段是写荷塘的月色，一个"泻"字，赋予月光以流水一般的动态，十分传神。月色本无形，作者抓住月光下荷塘、荷叶、荷花的种种特定形态，通过比喻、拟人的方法来侧面描写，使无形的月光，给人以可感的形象。"虽然……却……所以……但……固……也……"这个连续转折的复句，委婉曲折地传达出了柔美的月色给人的淡淡的喜悦感受。接着作者以“参差”、“斑驳”、“稀疏”来描摹月色的形，又用通感的手法，将视觉形象转化为听觉形象，把光和影组合的协调比喻成“梵婀玲上奏着的名曲”，使人产生想象和联想。这一段先正面描写月光，后侧面描写黑影。从上而下，以黑影渲染月光，后以贴切新奇的比喻描绘光与影的和谐统一，情与景熔于一炉，生动地刻画出荷塘上素淡朦胧的月色，给人以很高的美的享受。阅读时，要注意抓住有关词、句，细细体会其妙处。

此外，还要从分析作家一篇散文语言特点出发，进而对作家创作中运用语言的整体艺术特征进行把握，如朱自清散文的朴素而富有色彩，鲁迅散文的冷峻、幽默、隽永，吴伯箫散文语言的简练、干净，杨朔散文的质朴、自然、平实等。

另外，通过比较发掘散文语言的独特本色之美，通过诵读感受散文语言的声韵之美等，也都是品味散文语言的重要方法。

（四）抓准“文眼”

诗有诗眼，文有文眼，散文的“眼”就是全篇的“泉眼”，是作者着力表现的中心点，是文章结构的枢纽点，也就是所谓“神聚”之处。抓住了散文的“文眼”，就犹如拿到了进入散文这座艺术宫殿的钥匙，它的思想、感情、结构等就不难理解和掌握了。

怎样识别文眼呢？文眼并无固定位置，不易分辨，但只要精于阅读还是有规律可循的。清人刘熙载在《艺概》中指出：“揭全文之指，或在篇首，或在篇中，或在篇末。在篇首则后必顾之，在篇末则前必注之，在篇中则前注之，后顾之。顾注，抑所谓文眼者也。”

这段话告诉我们文眼主要出现在那些最富表现力、最有助于把握全篇思想脉络的关键性的词句上。如《荷塘月色》的文眼在篇首,《瑞雪图》的文眼在篇末,《绿》的文眼在标题上,《荔枝蜜》的文眼是最后一段话。只要多读几遍,用心揣摩,文眼是不难找到的。散文《路》的文眼就在“路”字上,从人们日常见到的山路、水路、沙路、石路延伸到人生的前进之路,激励人们不畏险阻、不怕困难,开拓进取、勇往直前。这些都需要朗读者细心感受、体悟。朱自清的散文《匆匆》的文眼就在“日子”上,作者为什么会发出“光阴似箭、人生苦短”的感慨呢?这完全是因为他有着远大抱负,他得抓紧分分秒秒实现人生的价值,珍惜生命中的每一个“日子”。

8

诗歌的朗诵

诗歌是最早的也是最典型的文学样式。它用精练、形象、富有节奏感和音乐性的语言，用比兴、夸张、拟人、反复等表现手法，通过丰富的联想和想象，抒发感情，创造鲜明的形象和深远的意境，来概括地反映现实生活。

诗歌在中国有着悠久的历史，它诞生早，普及面广，成就也最高，对整个文学的产生和发展有着强大的影响力和渗透力。最初，人们通过诗歌协调劳动，取悦神灵，吟咏性情，直至后来成为人类灵魂的栖息地。

诗歌在漫长的历史进程中，演化出许多不同的形式。诗、词、曲，从文学角度看都是诗歌。光是诗就包括多种不同的体裁，如王维的《观猎》、白居易的《钱塘湖春行》，格律严整，属于律诗（近体诗）；杜甫的《石壕吏》格律较宽，属古风（古体诗）。

换一个角度看，上述几首诗都是有作者的，是文人创作的诗。而《敕勒歌》、《木兰辞》都是民间流传、集体创作的，是民歌。有时诗人也按照民歌的体式写诗，如贺敬之的《回延安》。

如果从内容的角度看，诗歌又可以分为叙事诗和抒情诗。叙事诗一般取材于生活中的人物和事件，杜甫的《石壕吏》、民歌《木兰辞》就是这样的叙事诗。抒情诗一般没有完整的人物形象和故事情节，而以直接抒发思想感情构成艺术形象，反映社会生活，篇幅一般比较短小，如李白的《秋浦歌》、郭沫若的《天上的街市》等。

我们从创作角度分析，诗是抒情艺术，不是再现艺术。因而，无论是抒情、叙事还是状物、喻理都源于并带有诗人强烈的主观感受、浓郁的主观色彩及鲜明的个性。

诗歌不同于戏剧、小说，它不是靠内容和情节去外化作者的认识、感悟与体验，而主要是靠个体情感的直接抒发，有感而发，直抒胸臆，构成了个体宣泄形态物。一首好诗不会是无病呻吟，它是诗人感悟、情动最深的外化物，注入了诗人创作的引动源及思维、情感的运动流。因此，我们要想朗诵好一首诗，首先要了解诗歌的写作背景、目的，具体感受诗人所要表达的思想感情；要把握好诗歌的写作特色与艺术风格，体现贴近的时代感和明确的目的性；要读出诗歌的节奏感和音乐美，不能用固定腔调从头读到尾，要有变化、有起伏、有抑扬顿挫之感；要投入真情实感，以情感人。

面对具体的作品，首先要进入作者的心灵，弄清诗人创作的冲动点，理清其创作的情源与情流，通过对围绕此诗有关的各种背景的了解，搞清楚诗中之所指，便可产生对此诗的初步理解；再融入自己的认识与体验，就可对此诗产生一种接近感与喜爱之情。取得诗人的创作因子，又深植于自己的心灵，形成同构、共识，也就可生发出自己的真情实感和宣泄的激情。最终，通过自己真挚、准确和充满激情的表达便可进入听众的心灵，与其产生共鸣。诗歌朗诵的基本要领是：

（一）整体感受

每一首好的诗歌都可视为一件完整的艺术品。要鉴赏它，朗诵它，就要从整体感受开始。而整体感受的最好方法之一就是反复吟诵。如果没有充分的吟诵作基础，单是“看诗”是很难体味出诗情、诗意、诗味来的，所以我们的古人不说读诗、看诗，而说吟诗、诵诗。

众所周知，对于诗的理解往往要难于对散文、小说、戏剧等其他体裁作品的理解，原因在于诗歌创作的特征(集括性、跳跃性和音乐性)、在于诗歌创作的思维方式。诗歌是极富想象的艺术，而想象具有感知、情感、理解三要素，《中国现代朦胧诗赏析》一书曾写道：“想象基于感知而又改造感知，移情使感知变形，理解化感知为象征。诗的形象思维和小说、戏剧不同，就在于诗人是循着想象的逻辑，而不是感知的逻辑来进行构思的。因此，诗的世界和日常的世界往往很不一样，惟其‘不一样’，它才有诗的特别味道。”

除了诗歌创作中的“改造”、“变形”、“象征”之外，诗歌创作的精练性、跳跃性又会使诗人完整的思维分割成一个个凝结点，显现在文字上，将呈单线型的逻辑思维与呈复合型的形象思维构成的诗的意象和情思注入诗句中，但它们的序列并不清晰，充其量它们仅是一颗一颗未经穿起的珠玉，这条连接它们的线，便是诗人的思路。它往往并不直说，而是采用暗示的途径来表现。诗的形象思维“可以无视日常感觉的持续连贯性，以跳跃来‘撕裂’感觉。究其原因，诗不以传达感知为目的，而以抒发情思为使命。不拘泥于感觉，诗的构思也就比较跳脱空灵”。

诗思不易掌握，诗义更难把握。诗歌创作的独特手段，如象征、暗示、比喻，尤其是比喻的相关性与多义性往往使读者陷入迷宫。如若对诗人生平、创作心态及创作背景等诸方面有所了解，对作品有一个整体把握，无疑是获得了一把打开迷宫大门的钥匙。

(二)激发感情

朗读吟诵,整体感受,是朗诵诗歌的第一步。但仅有这一步还是不够的,还要“沿波讨源”,披词入情。唐代大诗人白居易说:“诗者,根情,苗言。”朗诵者就要循着诗句这棵“苗”而寻觅到诗“情”这一根本所在。这就是说,通过吟诗、诵诗,感受并激发起真挚的感情,应该是诗歌朗诵的根本。所以,朗诵诗歌一定要带有感情,并且要在朗诵过程中进一步培养和激发起真挚、热烈、健康、高尚的感情来。如果以冷漠的态度读诗,就很难捕捉到诗人的感情脉搏,当然也就不可能理解诗的真谛。比如诗人光未然的《黄河颂》,气势磅礴,结构宏大,情绪高亢,诗歌的主体部分分为四段,第一段描写黄河的自然形态,第二段点出黄河对于中华民族的伟大意义,第三段则是从世界地理的格局确定黄河是“我们民族的屏障”,第四段表达中华儿女将在黄河的“哺育下发扬滋长”。整首诗激励中华民族的英雄儿女牢记民族耻辱,树立强烈的民族自尊和必胜的战斗信念。

(三)捕捉意境

诗歌的意境是诗歌创作所达到的情景交融的思想和艺术境界,是通过对富于特征的事物的描绘,与诗人内在的意境有机地结合而创造出来的情景交融、含义深远的生活画面。“意”就是蕴蓄在这些景物和画面中的诗人的强烈的思想感情,“境”就是诗中描绘的具体景物和生活画面。

在诗歌中,有的以意取胜,如李白的《秋浦歌》:“白发三千丈,缘愁似个长。不知明镜里,何处得秋霜?”有的则以境见长,如张志和的《渔歌子》:“西塞山前白鹭飞,桃花流水鳜鱼肥。青箬笠,绿蓑衣,斜风细雨不须归。”宛然是一幅春江水涨、烟雨迷蒙、鸟飞鱼肥、悠然垂钓的写意山水画。

阅读时,要展开联想和想象,将诗的语言化为具体生动的画面,去再现诗中的意境,理解作者在诗中所描绘的生动画面和寄寓的感情内涵,从而理解诗歌主题。如艾青的《给乌兰诺娃》,作者用自然界的云和风来比喻翩翩的舞姿,像云一样柔软,像风一样轻盈。云是淡淡的白云,漂浮无定;风是温馨的春风,徐徐拂过。月夜静谧而美好,在舞台的背景下,身着洁白舞服的艺术家轻盈起舞,更是美丽圣洁。虽然没有直接描写舞姿,却使人感受到一种意象:人与月相辉映,人比月更美。这样写,既增强了读者对美的感受,也体现了诗人丰富的想象力。让艺术家置身广阔的环境中,给人以舒展、自由之感。阅读这样的诗歌,要反复朗读,仔细品味,驰骋想象,在诗情画意中理解作品的韵味。

在不同诗类中,不时有意象的变形,意象的张力,意象的寄托性、含蓄性和哲理性,加之诗的精练性,构成诗的跳跃感、模糊性,给朗诵者带来表达的困难。要解决这个难题,主要一点是抓住诗人的创作思想脉络(感情与理性),在自己的内心织就一幅清晰的经纬图。在这幅图中,既有感情的材料——形象画面,又有理性的线条——逻辑序列,既有纵向——诗的意象的联结与延伸,也有横向——诗的形象、画面的拓展,并有意象的突现。但是织就成这幅图并不容易,尤其是在朗诵时,就更需要有这样一幅图存在于朗诵者的心中。

诗除了其独特的体裁形式外,最显著的莫过于其对内容的表现方式。“诗是某种复杂的感情、含义和心境在语言文字所造成的具体形象中的投射”。诗是人心灵物态化的反映和个体内心世界的折射。

诗人往往意欲通过诗将自己生动的人生体验传达给别人，以引起他人“情感上的共鸣和经验的交流”。诗人往往将所要表达的情思、体验意象化，可以说，意象是诗的语言，它不同于一般陈述性语言，即句法结构缺乏清楚的逻辑关系和明晰的语义，造成语义上的模糊，而正是这语义上的模糊又反过来将一个个意象凸显出来，使意象与意象之间微妙的关系形成一种丰富多样的体验。

意象的叠加整体上又形成一种表现意味与特质，它们往往不受理性逻辑的框约，却又表现出生动丰富并趋向一致的体验。这正符合诗的表现特质：不在于客观的再现而重在主观的表现，着意于情绪、体验的外化。

意象的跳跃、语义的模糊与整体的无序性就是理解、驾驭一首诗的难处所在。为此，我们要结合诗义，在了解掌握与其有关的全部背景下破译诗中的每一个意象，得悉其所指与内涵。

诗歌的深远意境是主客观高度统一、感情与景物密切融合的结晶。这种感情融于深远意境当中，是诗歌能够使人品味无穷，获得有益启示和艺术享受的一个重要原因。

（四）品味音韵

诗歌语言精练含蓄，富有节奏感、音韵美。诗歌高度集中、概括的内容，决定了它的语言必须精练。要以精练的语言，表现鲜明的形象和深远的意境，又使诗歌的语言具有跳跃的特点，这种跳跃式的诗句之间看似并无直接的联系，却恰恰适合表现诗人放纵奔腾的炽烈感情和驰骋无羁的大胆想象。

诗歌一般分行排列，具有一定规律的停顿和间歇，不仅供人阅读，而且可供人们朗诵和歌唱，这就使诗歌的语言富有节奏感和音乐美。讲究格律的旧体诗如此，新体诗也大都具有鲜明的节奏与和谐的韵律，读来朗朗上口，悦耳动听。

同时节奏感和音乐美也使诗歌语言更具感情色彩。比如柳宗元的《江雪》："千山鸟飞绝，万径人踪灭。孤舟蓑笠翁，独钓寒江雪。"这首诗押的是入声韵，韵味十足，刚劲有力，朗诵时必须在韵律上细细品味与把握，突出"千山"、"万径"与"孤舟"、"独钓"的对比，"灭"和"雪"上体现韵律的动感，这样才能体现此诗的意境，用声音描绘出一幅生动的江天雪景。

诗歌的语言是经过锤炼的语言，主要表现在炼字、炼句上。把一个字、一个句子炼好了，全诗就可以为之增色，"着一字而境界全出"，绝不是夸张的形容。贾岛"推敲"的故事，是妇孺皆知的斟酌字词的佳话。王安石的绝句《泊船瓜洲》中"春风又绿江南岸"一句中的动词，起初用"到"，后先后改为"过"、"入"、"满"等十来个字，最后才定为"绿"。一个"绿"字，不仅自身色彩鲜明，而且把春风也写活了，给人留下无穷的回味。黄庭坚"归燕略无三月事，高蝉正用一枝鸣"中的动词，初稿是"抱"字，后来又改成"占"、"在"、"带"、"要"等字，直到改成"用"字才算定稿。"用"在这里是"凭靠"、"依附"的意思，能够准确地刻画出蝉在高枝上的神态。

像这样传神的一字，在诗中被称作"诗眼"，最能体现诗人对准确、鲜明、生动语言的执着追求，也最具表现力。

优秀诗篇中像这种运用贴切词语描摹物态、抒写情怀、一字传神、境界全出的例子还很多，因而在朗诵时要注意抓住关键性的词语，认真思考和体味，以便更好地理解诗歌的意境，提高鉴赏诗歌和运用语言的能力。

诗歌语言的魅力也表现在诗句上。有的诗句内涵极为丰富，极富表现力，朗诵时，要细细揣摩体味。如王维《渭城曲》中的“劝君更尽一杯酒，西出阳关无故人”，将眼前景、肺腑情、别后意，熔铸锤炼，成为千古绝唱。

诗歌鲜明的节奏和韵律，较其他文学样式更适宜于朗读吟诵。毛泽东词诗《沁园春·长沙》，通过对长沙深秋景色的描绘和往昔革命斗争历程的回忆，表现了毛泽东及其战友对国家命运、革命前途的关切和激流勇进的革命斗争精神。这首诗是“由求”辙，一韵到底，平仄十分讲究，节奏鲜明，音乐感强，朗诵时应特别注意音韵。

著名美学家朱光潜认为：“理想的诗歌朗诵，正如理想的诗歌一样，必须求得语言的自然节奏与音律形式节奏的谐和统一，这就是既能表达感情，又有音乐美。”人们常说，三分诗，七分读。阅读时，应反复琢磨，在朗诵过程中体会、感受诗人的思想感情，领会诗歌深远的意境。

朗诵诗歌，要读准确，富有感情，尽量使声音的高低快慢、强弱轻重，语调的抑扬顿挫，都能恰到好处，符合诗歌的语言规律，体现诗歌语言的音乐美和节奏美。

9

寓言的朗诵

在世界文学宝库中，寓言是一颗晶莹璀璨的明珠。在人类文明发展史上，寓言以简洁而富有哲理的故事，贮存着人类的智慧，传承着思想的火花，铢积寸累，伴随人类从蒙昧时代一步步地走向现代化。

寓言，自古有之，或以此喻彼，或以物喻人，或以古喻今，或以小喻大，总是寓意蕴于内，必有形体、故事显于外。这就决定了我们的朗诵任务——揭示寓意。

寓言都较短小，在展现故事上，只是择其带有特征性的方面，而不以详尽取胜，那寓意却可以一点即破，甚至不点亦破。寓言一般都带有劝谕或讽刺的意味，故事结构大多简约，主人公可以是人，可以是动物，也可以是植物，其主题一般都是借此喻彼，借古喻今，借小喻大，借近喻远，寓较深刻的道理于简单的故事中。

朗诵寓言，一定要以抓形象本质、核心的东西为主，尽量做到形神兼备。对其外部特征只能有所兼顾，不可本末倒置。

寓言的朗诵根据创作种类、风格的不同，在处理上也会有所不同，比如，有的作品以叙述为主，有的作品人物语言较多，有的是劝喻，有的是嘲讽……无论属于何种类型，语言表达的夸张、对比都要强于其他作品类型，这是由寓言的创作特点所决定的。

夸张，不单指语言外部形态的放大与强调，还要有高度的真实感与信念感。否则，就会缺乏说服力和感染力。当然，也不要为了夸张而夸张，要有充分的内心依据与导向。

对比在寓言的朗诵中，主要是指对不同形象的塑象区别要大。寓言的朗诵，往往是一人除去叙述以外，还要用语言表现几个不同的形象，只有加大其对比，方可区别它们，使人听而辨之。同样道理，对比，也不可只在其外部形态，更要加强内心的对比感，抓住每一形象的不同之处，加以放大与强调，方可内外相贴，形有所依。

（一）把握寓意

朗诵是将文字的视觉形象转换为语音的听觉形象的一种阅读活动。朗诵寓言，应该紧紧结合寓言故事的品味和分析过程。

怎样读，才能准确、生动、细致、真实地演绎出文本的情感内蕴？这就离不开对文本语言的品读、品味。寓言一般都带有劝谕或讽刺的意味，篇幅短小，语言简洁，结构单一，情节新奇。一般采用一事一理的写法，所以它的层次很清楚，还往往能唤起读者丰富的联想。

它经常借用拟人、夸张、讽刺等表现手法将深刻的道理寄托在寓言故事中。因此，我们在阅读寓言时不要忽视对寓言的表现方法的理解，要联系生活实际去深入体会它的教育意义。阅读寓言最重要的是通过对故事的分析由浅入深、由表及里地把握寓言的全文。掌握艺术手法，体会寓言的生活哲理。

朗诵要从寓言本身出发，精细地研究作品，在感受作品提供的形象体态中生发出与内容相关联、相一致的道理来。例如把《滥竽充数》中的南郭先生转换成那些没有真才实学，凭做假蒙混度日的人；把“滥竽充数”比喻为缺乏才干而混充行家，或是比喻以次充好。《农夫和蛇》以人们日常生活经常可能发生的故事告诫人们，对好为恶者要多加提防。

对于中国古代寓言故事的朗诵，应尽可能地弄清寓言的出处，掌握相关文史知识，增加自己的知识积累，准确概括寓意。寓言是用假托的故事或自然物的拟人手法，来说明某个道理或教训的文学作品，而寓意则是寄托或隐藏于其中的意思。我们在阅读一篇寓言故事时，不能只停留于对故事本身的津津乐道，应该用心去洞察故事深刻的思想内涵，准确把握寓意，从而有所感悟，有所收获。

那如何去概括古代寓言的寓意呢？一是借助文言工具书，扫除阅读障碍；二是了解寓言故事的思想内容，看看它是与励志、哲思、劝诫、讽刺有关，还是与处世、修身、思维、学习等有关；三是要把握住作者隐藏在文后的鲜明态度；四是将寓言故事所揭示的一般道理上升到普遍的高度，用简洁的语言表达出来。比如，在朗诵寓言《一头学问渊博的猪》时，应当对猪的外部特征有所兼顾，有些相应的设计和造型，重在对猪这一形象的本质核心——愚昧、不懂装懂进行充分揭示，用盲目自信的语气和真实的自我感觉来表现。如此处理，便会引起受众对这一形象本质核心的领略与认识，产生对其嘲讽的评判结论，实现其形象塑造的意义。

在朗诵中要想准确地揭示所读寓言的寓意，必须把握住所读寓言的形象及其寓意，紧扣寓意来安排朗读技巧，通过对寓言故事的生动演绎，从中传达出所朗诵寓言蕴含的深刻道理来。

（二）分析特点

凡是好的寓言作品，都有生动的形象，并有明显的比喻性质。故事中的主人公，不管是人，还是人格化了的动物、植物或自然界其他东西和现象，都有鲜明的性格特点。而且这些特点，与社会上某类人、某些事或某种现象的特点，在一定程度上是相同、相近或相似的。作者就是根据这些物类之间的相属点，通过所塑造的寓言形象，来比喻或影射社会上某类人、某些事或某种现象的。因此，我们在朗诵时，要根据寓言形象的特点，相应地给形象划分比喻的类型，然后再针对比喻形象的特点来设计朗诵技巧，以生动地再现形象的特点。

划分寓言形象的比喻类型时，要在熟悉作品的基础上，分析作品写了什么寓言形象，这形象有什么特点，并抓住形象的特点，与社会生活中的某类人、某些事或某种现象进行类比，看看寓言形象与他（它）们之间有什么相同、相近或者相似点，代表社会生活中哪类人、哪类事或哪类现象。

与寓言形象相同、相近或相似的人、事或现象，就是寓言形象的比喻类形象。比如《揠苗助长》中的农夫，他主观急躁的特点与社会生活中那类犯有主观急躁毛病的人的特点是相同的。因此，他代表的是社会生活中那类犯有主观急躁毛病的人，这类人就是这个寓言形象的比喻类形象。又如《狐假虎威》中的狐狸，它借助老虎的威风吓唬百兽的行为特点，跟社会生活中那些依仗主子势力在百姓面前作威作福的奴才走狗的行为是相似的。所以，它代表的是社会生活中这些依仗主子势力在百姓面前作威作福的奴才或走狗，这类人就是这个寓言形象的比喻类形象。在分析好寓言形象的比喻类形象之后，就可围绕比喻类形象的特点设计朗诵技巧，运用恰当的方法塑造形象的性格特点。

（三）夸张对比

运用夸张手法来表现寓言形象，是寓言写作常见的一个特点。例如《刻舟求剑》，为了突出表现某类人头脑僵化的特点，描写了一个过江的人，不顾时间、地点的变化，不考虑船行剑不行的实际，竟想在船行到码头后，再循着船上的记号下水去打捞宝剑。这种描写，显然是十分夸大的，但却深刻地揭示了这类人头脑僵化的特点，因而是很成功的。

寓言夸张手法的运用，常常是和对比手法的使用连在一起的。不少寓言佳作，在同一篇作品里都塑造有对比鲜明的寓言形象。例如《狼和小羊》中，狼的凶残和小羊的善良，就形成了一个鲜明的对比。这些对比，作者又是运用夸张的手法来描述的。夸张对比手法的成功运用，使所塑造的寓言形象栩栩如生，所寄托的寓意深刻醒人。因此，我们在朗诵寓言时，也要相应地运用朗诵技巧上的夸张和对比手法，来生动地表现寓言形象的不同个性特点。

朗诵方法上的夸张对比手法，可以是多种多样的。比如基调的深沉与轻快，音色的淳厚与浮薄，音量的高响与低沉，速度的急速与缓慢，语气的欢愉与悲痛，重音的重读与轻吐，停顿的较长和稍短，等等，都可根据表现寓言形象性格和揭示寓言寓意的需要，酌情选用。

(四)灵活造型

寓言故事,大都通过具体形象的行为来表现所要说明的问题,因此,对形象的塑造展开想象就非常重要。我们在想象中,不仅要有作品中所出现的一些形象,如动物、植物等生物或铜钱、桌子等无生物的具体外形;更重要的是,还要感受和想象出具体形象的行为、心理、情感、神态以及声音形式、特点等内质;同时,还应感受和想象出作品中的时间、地点、环境等相关条件。看得见、感受得到这一切,这也是表达的基础。我们要通过合理的想象,用形体表达寓意,努力把形象体态的丰富性用有声语言灵活地展现出来,不可墨守成规,以偏概全。

首先要强调的是,寓言中那形象体态只有在朗诵者的脑海里活跃起来,才有可能通过有声语言形之于外;其次,那有声语言中必须饱含形象感受,即人、动物、物体等的具体形态、拟人化特征、与外界关系、目的和行为,诸如此类的感受;最后,有声语言表达技巧也必须多样,刚猛、柔弱、凶残、善良、骄傲、卑下、固执、犹豫、贪婪、顽强、豪勇、怯懦、正直、委屈……都要能够表现出来。

由此看来,我们在朗诵寓言的时候,必须通过大脑的合理想象,将作品中的形象人格化、性格化。我们在朗诵寓言故事时,要根据作品中对某一形象的刻画和它的自然外形特征来灵活造型,不应机械、生硬地将一篇作品中某一形象的造型原封不动地搬到别的作品中去。因为同一形象,在每一篇作品中所起的作用不尽相同。

有些动物具有类型性,比如狐狸的整体形象属于狡猾的类型，狼的整体形象属于凶残的类型等等，但如果使寓言形象仅停留在类型性上，而不使其具有丰富的个性，就会使寓言毫无生气和新意，显得平庸和浅薄。所以寓言形象虽然多取类型，同时又要求具有个性。狐狸是狡猾的，但这只狐狸的狡猾不同于那只狐狸的狡猾。千篇一律，就会使人味同嚼蜡。因此，我们的造型与表达也绝不应雷同，要根据作品需要，灵活造型、确切表达，以保证朗诵创作的准确性和灵活性。

比如有一篇寓言名叫《乌鸦和猪的谅解》，说的是猪嘲笑乌鸦黑，乌鸦也嘲笑猪黑，当他们发现彼此一样黑时，又互相“谅解”了，他们一致认为黑并不难看。我们在朗诵乌鸦的话时，声音可以尖一些，因为乌鸦体形很小；可以加快语速，因为乌鸦总是被认为是比较狡猾的。而朗诵猪的话时，可以把声音放低一些、粗一些，因为猪通常被认为是愚笨的。这样立刻就可以使两个角色的声音拉开距离，形成对比，便于塑造不同的角色，增强作品的艺术效果。但是有些朗诵者过了头，在朗诵乌鸦的话时尖声大叫，在朗诵猪的话时瓮声瓮气，口齿不清。朗诵者的本意当然是想追求艺术效果，但却事与愿违。试想，如果我们连意思都表达不清楚，还谈什么艺术效果呢？总之，寓言的朗诵并非易事，需要我们细心揣摩，精心设计，用心表达，才能真正做到为原作“锦上添花”。

10

小说的朗诵

一般来说，小说是通过完整的故事情节和具体环境的描写，塑造多种多样的人物形象，多层面地反映社会生活。小说，有情节、有人物，篇幅较长，朗诵者需要掌握多种技巧才能朗诵好。

除了注重细节描写之外，朗诵者的主要精力应放在表现典型环境中的典型性格上。朗诵小说时，必须明了情节的开端、发展、高潮、结局的多样性结构，必须着力于人物的心理、言行的特征性刻画，用“事”写人，借“境”明心。要从人物的特定环境中的特定言行，揭示出人物的精神面貌；从气氛的点染中，把握住全篇的基调、节奏；从人物的语言中，突出个性化的性格特征。要用主题这根红线贯穿人与事、言与行、心与境，不可单纯追求情节，“见物不见人”；也不可单纯追求生动，“见人不见心”。

如果朗诵的是长、中、短篇小说的节选，一定要通读全篇，分析理解它，具体感受它。充分认识和确切把握节选部分与全篇的关系，要清楚节选部分是全篇的哪个部分，居于什么位置，占什么分量，体现哪方面的主题思想，在什么意义上具有独立性；主要人物的思想发展到了什么阶段；起点如何，走向怎样，人物的性格特征揭示到了什么程度，将来的情况是什么样子；它是怎样安排人物的命运的，等等。如果只局限在节选部分上，连整个的情节、人物的来龙去脉都搞不清楚，那是很难朗诵好的。小说朗诵的要领是：

（一）抓住核心

朗诵小说，不完全是为了讲个故事，说个人物，也不完全是出于好奇，供人消遣。短篇小说也好，中、长篇小说或节选也好，总是围绕着一个核心展开情节、刻画人物，给人以形象的感染，甚至是哲学的启发。这个核心，就是中心思想。抓不住核心，就会陷入一个个具体情节乃至细节中去，也许会很生动，但绝不会深刻，特别是思想感情的运动，极易随波逐流，迷失方向，丢掉根本。

《阿Q正传》的朗诵，竟像充满了噱头的笑话，“哀其不幸，怒其不争”的核心被扭曲了。人们在笑过之后，难道不应该质问朗诵者的哗众取宠吗？《最后一课》的朗诵，竟给人以小弗朗士不谙世事、韩麦尔先生古怪可怜的印象，那对祖国的强烈的爱却被湮没了。人们在听过之后，难道不应该质问朗诵者的幼稚浅薄吗？表面的现象蒙住了朗诵者的眼睛，小说的核心当然就“魂不附体”了。让核心就范于“生动”，必定是“一叶障目，不见泰山”，这正是小说朗诵的大忌。

小说的艺术魅力是从“这一个”的典型性中生发出来的，由是达到引人入胜的目的。因此，对“这一个”的具体感受、强化爱憎，往往成为朗诵小说时突显核心的重要标志。这种感受和爱憎又不是几句话能概括得了、包容得下的，它需要再现情景过程中的体味，它还需要“这一个”与其近亲们的比较。只有如此，那具体性和个别性才可能融入形象之中，使朗诵者获得新颖的感受和深刻的爱憎。

深化的感情，促使朗诵者将理智渗入形象，并以符合生活逻辑的必然性把形象细腻丰满地展现出来。这样,也就必定要扬弃那肤浅、狭隘的所谓“刻画”。至于那种不顾及作者,不顾及作品全篇,不顾及时代、社会的“深化感情”,也是不足取的;“见字生情”、“以声代情”根本不是感情的深化。有些人朗诵小说,仅仅满足于作品本身情节的生动、人物的丰满,而看轻朗诵的再创作,这怎么能达到上乘呢?可见,深化感情是揭示小说核心的需要,是朗诵再创作的需要,是听者在有声语言中寻求艺术真实的需要。

(二)塑造人物

小说中的人物不同于记叙文中的人物,它要求鲜明、集中的性格特征,要求那区别于其他人物的个性色彩。人物的性格特征不是抽象的概念,而是具体描写、细腻刻画出来的。个性色彩也不是表面的涂抹,而是环境的烘托、心境展现的成果。因此,音容笑貌、言谈举止中,人物的性格、品质才可感可知。

小说作者塑造人物,是通过多个侧面、多个细节进行的,我们认识和把握人物也要从全局着眼,抓住诸多角度的总和,否则人物形象就不会完整、深刻。为了抓住个性、塑造人物,朗诵者必须像故事片的摄影师那样,根据导演(可比喻为小说作者)的分镜头剧本(可比喻为小说作品),运用仰角、俯角、远景、中景、近景、特写、全景等手法,在有声语言的流动中展现人物。也就是说,朗诵者在朗诵小说时,脑海里像是在放映电影。朗诵者眼前的文字语言都化为形象的画面,他于是边想象画面边朗诵,而听者从有声语言中似乎也能看到那场景不断变迁的活动的画面,人物形象就在“精、气、神、手、眼、身”的“六合”之中丰满起来，活跃起来。

为了抓住个性、塑造人物，朗诵者必须从“外形”与“内心”两方面去把握。在外形方面，要察其细，观其变。在内心方面，要觉其动，感其深。这样，把“外形”与“内心”紧密结合起来，就能使人物形神兼备、栩栩如生了。

与诗歌语言大不相同的是，小说不具有诗歌的格律、韵律和音乐性，它与生活语言比较接近，特别是作品中的人物对话更是接近口语。所以，朗诵者就要注意小说语言表达的自如性，让听众相信小说的内容是真实可信的，让他们随着朗诵者的声音、言语展开形象思维，感受到作品所体现的思想内涵，从而得到教益。如果拿腔拿调，就会脱离生活，让人听而生厌。

在朗诵中，不容易表达的是小说中人物的语言。人物的语言，是显示人物性格特征的重要窗口，每个人物应有每个人物“自己的”语言。一个人物，特别是主要人物，其语言还要随着性格的形成、发展、变化而变化。不注意这一点，很容易使人物语言模式化；注意了这一点，才能为人物语言的“言如其人”、“如闻其声”提供充足的依据。朗诵人物的语言，不可与叙述、描写语言混同。叙述、描写语言犹如朗诵者自己的话，从始至终语流汩汩，心理过程连贯，声音气息前后统一。人物的语言插入其间，前后必须有明显的转换，改以另一种心理、另一种态度，以人物特有的语气来进行表达。要根据小说通篇对人物的介绍、描写，设计出人物的基本语气，朗诵到这个人物语言时，就以这基本语气为原型，并以此时此地、此情此景为条件加以变化。人物的语言前后，往往有人物说话情状的简短说明，这就为我们表达人物的话语提供了某种现场的依据。对人物说话情状的简短说明，朗诵时不必直接赋予具体感受的内涵，只是说明式地带过即可，把那具体感受的内涵化入到人物语言中去，使说明情状与人物语言和谐一致。不同的人物、人物的不同心情、人物语言的发展和变化，都应通过有声语言展现出来。

区别不同的人物，就要善于捕捉人物全貌的“主旋律”，也可以称为人物的“基调”。如此，人物的“这一个”和“那一个”，同一人物的此一时和彼一时，就可以在区别中互相映衬，在变化中体现个性。切不可只注意声音形式上的表面差别，一定要先“生产”心理因素，那样作为副产品的声音形式也就在充分内心依据的启动下走向丰富、贴切、活脱、神似了。老人和小孩、教师和学生、剥削者和劳动者、英雄和叛徒……有很大的不同，一定要从心理因素上去识别和感受。如果只是从远远一望的大概“形象”出发，缺乏内心依据地朗诵人物的语言，那么每一篇小说中的人物就都可以纳入某个框框，甚至可以不费力地套用，倒是很方便，不过，人物的个性特征就被简单的类别共性所替代了。不同的人物、同一人物不同环境和心境的个性特征，尤其要受“不可替换律”的支配，否则，这篇小说中的老人同那篇小说中的老人，这篇小说中的坏人同那篇小说中的坏人等，必然千篇一律、千人一面。这种朗诵就像机械化的“雕塑”，可以成批生产，无须苦心孤诣地一刀一凿了。作为初学者，可以暂且不理会作家作品的风格，也可以不必注意自己朗诵的表达特色，但小说中人物的性格特征、个性色彩却绝对不能忽略，无论如何都必须深入挖掘、贴切表达。只要人物的语言使听者“言犹在耳”、“掷地有声”，人物的形象便可以站立起来了。

小说的朗诵仍然要保持朗诵的特点，不应因其虚构、夸张，竟去一一扮演小说中的人物。叙述、描写是朗诵者，某一人物的语言好像另一人出场，另一人物又像别一人露面，这就必然破坏了小说的完整性、贯穿性,朗诵者也就变成了独角戏的演员,从根本上背离了朗诵的目的和规律,除了给听者以应接不暇、很会演戏的印象,或因"学得像"而博得一阵笑语欢声之外,是很难引导听者加深对作品的真切、深入体味的。即便朗诵几乎全是人物对话的戏剧作品,如果不是分别担任角色,只是由一个人朗诵,也没有必要去忽哭忽笑、忽雅忽俗、忽老忽小、忽男忽女地扮演。它只是需要朗诵者在自己的表达上更多地注意由这一人物到另一人物的转换,显示出不同人物的心理发展变化,并不着重在"惟妙惟肖"的扮演上。这是朗诵与演戏的区别之一。

小说都是通过对人物性格、行为以及人物之间相互关系的描写表现生活的。朗诵刻画人物的文字时,要生动、形象、多变,充分揭示人物的风貌和心理;描绘肖像要显示特点,如见其形;描绘心理活动要深入浅出,如触其心;描绘语言要神形兼备,如闻其声。总之,如果能从小说的语言以及人物、环境和情节出发,认真分析,巧妙设计,小说是完全可以朗诵成功的。

(三)把握基调

朗诵好一篇(部)小说,必须要把握好基调,否则会杂乱无章,不见主旨。由于小说有生动、完整的情节和具体、逼真的人物,所以,极易使人在阅读欣赏中陷入局部中,或对作品、人物有自己的独特见解。这对于一般读者或许无所谓,因为文学作品本身就具有隐蕴性与多义性,允许读者在阅读欣赏时,驰骋联想,以自己的基点和方式去理解、阐释作品,寻求沟通,引起共鸣,文学的魅力与价值也正在于此。而作为一名朗诵者却不能如此,因为小说朗诵是二度创作,虽然能在这一环节中加进朗诵者自己的独特感受，但毕竟有限。朗诵者应从作品主题、内容出发，着眼全篇，并把准作者的创作动机、志趣，才能形成自己的基调。也就是说，要以一度创作为基础来探寻、把握基调，这才是适当的。

此外，要从全篇着眼，不为局部所迷惑，形成的朗诵基调才是正确的。一篇作品基调是否准确是朗诵成功与否的关键所在。已故著名演员金乃千在谈及这个问题时说："……调子错了，格格不入；调子对了，全书皆活。"诚然，小说朗诵的基调来自于对作品的正确理解与把握，小说的分析、理解也需遵循一般语言表达中对文章的分析、理解原则，所不同的是，小说的分析、理解和对主题、立意的掌握是通过一定的内容、情节与人物行为、命运，间接揣摩出来的，是从感性入手再上升为理性，是一个复杂的过程。因而，我们对一篇（部）小说主题、立意的把握是在不断地形象感受和思维、情感活动中逐渐积累而成的。比如，长篇小说《青春之歌》的主题，就是"一个小资产阶级知识分子，在民族解放的斗争中，只有投身革命才有出路"。有了这样的理解，朗诵时才会有相应的准确基调。

（四）变化节奏

情节，作为小说的基本构成因素，饱蕴着作家的志趣。顺叙、倒叙、插叙、补叙等结构方式，是其情节发展的经纬。作家的志趣，应该在朗诵的基调中体现；情节发展的经纬，应该通过变化的节奏显现。即使是意识流一类的小说，也并非是毫无题旨、杂乱无章的。在一定基调的范围内，小说的节奏要适当加大幅度，高低、快慢、强弱、虚实的变化要有鲜明的对比度，要有回环的运动感。如《祝福》中首尾的爆竹声,《最后一课》开头的暖和、晴朗的天气……不要因基调和节奏的类型而过多地染上悲愤、深沉的色彩,恰恰相反,倒要带上欢快的成分。因为,只有造成这样强烈的对比,才可动人心弦、感人肺腑。王夫之在《姜斋诗话》中说的“以乐景写哀,以哀景写乐,倍增其哀乐”,联系宝钗出嫁、黛玉焚诗的哀乐倍增,不是可以使我们理解这种对比的效用么?如果乐景被悲哀笼罩,哀景因欢乐失色,又怎么能够产生强烈的对比效果呢?虽说对气氛、情境的点染不能脱离基调,却也不能单一。

情节是小说的要素之一,有起因、有发展、有突变、有高潮、有尾声。在写作手法上,有平叙、顺叙,也有倒叙、插叙,还有补叙……这些都需要朗诵者把握好情绪和节奏的合理转换,真正让声音演绎故事,唤起听众相应的感觉情绪。如果忽视情节的发展与变化,任凭声音“漫游”东西,就会破坏作品的整体感和连贯性,让人听了费解。

在小说朗诵中,需要大胆地运用“定向推进律”,向峰顶推进,向谷底推进,推进幅度可适当大些,千万不要有上下被夹板卡住的感觉。小说情节的曲折起伏,在朗诵中必须设计好相应的语势、语调,应仔细琢磨:什么样的语势、语调才能将事情的起因交代清楚?以怎样的语势、语调才能将情节推向高潮?以怎样的语势、语调才能将“晴转多云”的变化表达出来?以怎样的语势、语调才能将事情的结尾收束得比较完整?这些都需要朗诵者进行整体设计,朗诵时才会层层推进,驾驭自如。

11

朗诵的用声

朗诵是一门绘声绘色的语言艺术，朗诵要有规范的语言基本功。要求口齿清晰、字正腔圆、声情并茂。以科学的理论为指导，在用声实践中客观认识、评价自己的声音，学会驾驭自己的声音，使之成为得心应口的创作手段，服务于表达，是朗诵者所应具备的重要基本功之一。朗诵者学习科学的发声方法，可以从呼吸控制、口腔控制、喉部控制、共鸣控制、声音弹性等方面来掌握基本理论，并进行相关练习。

发声对呼吸控制的要求主要有：以胸腹联合式呼吸为基本呼吸方式。吸气时要打开两肋，吸到肺底，“腹壁”站定；呼气要稳劲持久、变化自如；换气要句首换气，换气到位，换了就用，留有余地。

发声对口腔控制的要求主要有：打开口腔；唇舌力量集中；明确声音发出的路线和字音着力的位置。

朗诵对喉部控制的要求主要是喉头相对放松、相对稳定；注意结合呼吸控制、口腔控制等综合控制；克服不良的发音习惯及动作。

发声对共鸣控制的要求为：以口腔共鸣为主，胸腔共鸣为基础，辅之以少量鼻腔共鸣。

朗诵发声的最终目的是为了获得声音弹性，即朗诵时声音形式对于人们变化着的思想感情的适应能力。

我们在有了以上基本的理论指导和实际技能之后，在朗诵用声中要增强自己对声音的控制能力，根据表达要求表现出一定的弹性和色彩变化。

实践证明，朗诵者发声应采用胸腹联合式呼吸法。胸腹联合式呼吸时的吸气从前后、左右、上下等方面扩大了胸腔的容积，吸气量最大；从动作特征来看，胸腹联合式呼吸协调了胸、膈、腹之间的关系，增强了呼吸的稳健感，有利于控制；采用胸腹式联合呼吸后，易于产生坚实、响亮的音色，同时它也是多种音色变化的基础。所以胸腹联合式呼吸是较为理想的朗诵用声的基本呼吸方式。

语言的表现力是靠声音色彩的变化来实现的，而声音色彩的变化在很大程度上又要依赖于富有活力的气息运动。因此在获得稳劲、持久的呼吸控制能力的基础上，还应进一步掌握运动着的气息的控制规律，做到能随内容和感情的变化而变化。“气乃情所至”，气息“自动化”控制的枢纽是感情的运动，所以朗诵者必须熟悉作品内容，认真理解、具体感受、态度积极，使心理真正运动起来。如果感情不动，势必导致呼吸的僵滞，从而影响声音色彩的变化。利用感情调节呼吸运动的方式是呼吸控制的高级阶段。在训练过程中，只有通过较为长期的、有意识的训练，熟练地掌握胸腹联合式呼吸的基本要领，才可能获得灵动的、本能的呼吸运动感觉。

12

嗓音的保护

世界上最名贵的乐器就是人的声带，它不像琴弦或吹管乐器上的簧一样随时可以更换新的，人的声带一旦受到严重的损害，就无法胜任朗诵。特别是一些初学者，如果在进行专业技能训练的过程中，不注意嗓音的保护盲目训练，就会对声带造成损伤，严重的还会出现病变。

那么，怎样保护嗓音呢？

“工欲善其事，必先利其器”。第一是坚持科学的发声方法。我们应采用胸腹联合式呼吸法，在自如声区用嗓；同时要注意放松喉部，减轻喉头和声带的负担；不要只用嗓子的力量发声，要气沉丹田，用小腹的力量去支撑气息。

第二是要注意用声适度。练习者千万不能操之过急，不能超负荷练声，练声的强度、练声的时间等都要控制适当，尤其是音量、音高不要超越极限，如果声嘶力竭地高声喊叫，就会“破音”，造成嗓子的损伤。一般来说，每次练声 15～30 分钟就可以了。在日常生活中，有些人无节制地用嗓，高兴时唱个不停、说个没完，生起气来争吵不休、大喊大叫，这很容易对发声器官造成损害。特别是在睡眠不足或休息不够的情况下，滥用嗓音就很容易出现声音和器官上的反应，如出现不同程度的声音沙哑，甚至失声。滥用嗓音可出现运动过度性黏膜充血、水肿，甚至黏膜下出血，发声功能失调性声门闭合不良和精神心理方面的疲劳等。这种损伤如得不到及时的治疗，可造成声带肥厚和声带息肉等病变。

第三是要养成良好的生活习惯。我国著名京剧表演艺术家梅兰芳先生在个人的嗓音卫生与保健上有一套完善的方法，他曾精练地概括成以下几点：“精神畅快，心气平和；饮食有节，寒暖当心；起居以时，劳逸均匀；练嗓保嗓，学贵有恒；由低升高，量力而行；五音饱满，唱出戏情。”由此可见，良好的生活习惯对嗓音保健有着重要的作用。在日常生活中，睡眠不足会导致血液中的酸性物质增多，引起喉肌疲劳，导致嗓音失去色彩和光泽，所以一定要保证每天有 8 个小时的睡眠时间。除了生活要有规律和保证必需的睡眠时间外，个人要根据不同的年龄、性别、体质，积极参加适当的体育和劳动锻炼，增强抗寒、抗病能力，预防感冒和呼吸道疾病，保持身体健康。此外，体育锻炼能帮助扩大肺活量，增加肌肉的弹性，有利于朗诵时的气息控制。但是，在剧烈运动后最好不要马上用声，刚睡醒也不要发过高、过强的声音，应由小到大、由弱到强，循序渐进。

第四是避免或少食刺激性食物。经常用声的人，日常饮食应尽量不吃或少吃刺激性食物，过热或过冷的饮料也不宜大量饮用，尤其是刚刚用过声，强烈的冷热刺激会使声带发生病变。平时坚持用淡盐水漱口，可起到消炎护嗓的作用。

第五是要注意心理健康。情绪变化是人心理状态的反映。情绪稳定，心情愉快，说明中枢神经系统处于相对平衡的状态，意味着肌体内各脏腑之间是协调的。如果人的整个身心处于积极向上的状态，可以提高工作效率，增强抗病能力，使人健康长寿。

反之，情绪波动、过度焦虑、生气，可引起头痛、失眠、记忆力减退、生病早衰等，同时对嗓音的影响也是很大的。中医常说“暴怒失音，恸泣失声”，就是最好的说明。因此，我们要加强自身修养，正视现实，克服困难，豁达大度，保持愉快的情绪，以利于身心的健康和嗓音的保健。

13

朗诵的技巧

朗诵时，一方面要透彻地把握作品的内容，另一方面要合理地运用各种内外部技巧，准确、鲜明、生动地表达作品的内在含义。熟悉和理解作品是“传情”的必要前提，落实“传情”还需要具体手段。“传情”手段指的就是朗诵技巧。

朗诵技巧是一个系统，非常庞杂，它包括基调、语气、语势、语速、语调、停顿、连接、重音、节奏等，每一内容下又包括很多具体内容。以“语调”来说，有平、升、降、曲四种类型。不同的语调表现不同的语气：表示陈述、说明、庄重、悲痛、冷淡等语气用平调；表示提问、反问、号召、惊讶等语气用升调；表示坚决、肯定、赞扬、祝愿、感叹、恳求等语气用降调；表示怀疑、气愤、讽刺、双关等语气用曲调。如果加入语速，语调与语气的关系则会更加具体，比如平调配合较快语速，表现的是冷漠语气；配合较慢语速，表现的则是庄重语气。再如曲调，快速读表现的是气愤语气；慢速读表现的是感叹语气。语调与语势也有关系：平调，句子语势平直舒缓，没有显著高低升降变化；升调，句子语势先高后低，句末音节或结构稍稍上扬；降调，句子语势先低后高，句末音节或结构低弱而短促；曲调，全句调势高低有曲折变化，有的句头、句尾低，句身高，有的句头、句尾高，句身低，有的则呈现“低、高、低、高”式语势变化。

常用的基本表达手段有：停连、重音、语气、节奏。停连，包括两个方面。停，指停顿；连，指连接。有停顿，有连接，才能更好地传情达意。在朗诵中，层次之间、段落之间、小层次之间、语句之间、词组或词之间，有声语言总有休止、中断的地方，时间有长有短，都属于停顿的范围。那些不休止、不中断的地方，特别是文字稿件中有标点符号而不休止、不中断的地方，就是连接。停顿和连接都是有声语言行进中显示语意、抒发感情的方法。无论停或连，都是思想感情发展变化的要求，而不是任意的。文字稿件的内容、结构、语言等形之于声，是传情达意、明志省人的过程，是一种综合性的思想感情的表露，究竟在哪里停顿、在哪里连接要根据稿件内容和情感表达，联系稿件的上下文来决定。按文意、合文气、顺文势，是朗诵者运用停连的原则。

我们知道，语言是由句子组成的，句子又是由词和短语构成的，而词语在稿件中所占的分量有重要些的，有次要些的。其中，那些最能体现语句目的、最能表达思想感情的词或短语就是重音。因此，我们给重音下的定义是：在朗诵中，那些根据语句目的、思想感情需要而给以强调的词或短语就叫重音。重音是体现语句目的的重要手段。确定语句重音的原则就是要通过分析语句的目的，把语句的目的落实到重音上来。朗诵者要从传播目的、传播愿望的高度，在对创作依据全面理解、感受的基础上，深入到创作依据或节目的态度感情的脉络中，明确具体语句在全篇稿件或节目整体中所处的位置和分量，然后再确定语句重音。张颂教授在《播音创作基础》一书中指出："语气是思想感情运动状态支配下语句的声音形式。"这个解释揭示了语气的内涵，突出了有声语言的特点，易于从有声语言形式及思想感情依据两个方面去把握，是科学的、恰切的，并具有很强的可操作性。

朗诵者可以从三个方面来认识和把握语气：一是具体的思

想感情在语气中处于支配地位，它是语气的灵魂；二是语气要通过具体的声音形式来体现；三是语气以句子为单位，也就是语气是通过一个个句子展现它的不同风采或个性特征的。语气中具体的思想感情包含两个方面：一是语气的感情色彩，二是语气的分量。它们是语气的灵魂。不同的感情色彩需要通过不同的声音形式来表现，在两者之间是有一定规律可循的。张颂教授在《朗读学》中对表现不同感情色彩时，气息、声音、口腔状态的特点进行了精辟的概括：

感情色彩	声音形式
爱的感情	气徐声柔：口腔宽松，气息深长
憎的感情	气足声硬：口腔紧窄，气息猛塞
悲的感情	气沉声缓：口腔如负重，气息如尽竭
喜的感情	气满声高：口腔似千里轻舟，气息似不绝清流
惧的感情	气提声凝：口腔像冰封，气息像倒流
欲的感情	气多声放：口腔积极敞开，气息力求畅达
急的感情	气短声促：口腔似弓箭，飞剑流星；气息如穿梭
冷的感情	气少声平：口腔松软，气息微弱
怒的感情	气粗声重：口腔如鼓，气息如椽
疑的感情	气细声黏：口腔欲松还紧，气息欲连还断

节奏在艺术中具有其特殊的作用，它是使美的内容得以表现出来的一种外在形式。艺术的节奏，要比现实事物的节奏更为鲜明，更为完善，更符合人的审美心理节奏。朗诵也有着显著

的艺术属性，理所当然地，节奏也应成为朗诵的重要表达技巧。《辞海》在音乐的有关词条中便指出："音响运动的轻重缓急形式形成节奏"，"其中各音的时值和强弱不同形成节奏"。这里指出的声音节奏包括轻重强弱、缓急长短（时值）。我国古代《乐记》上说："节奏，谓或作或止，作则奏之，止则节之。"朗诵节奏是一种外部形式，由有声语言这一物质材料中各种可比成分的对比组合构成。有声语言中声音高低、强弱、快慢、停连等方面是组成有声语言艺术节奏的基本要素。它们的承续、主次、分合、对比等多层次、多侧面的立体变化，形成有序的律动，成为朗诵节奏的存在形式。张颂教授根据节奏的声音形式及其精神内涵的特点，把节奏分为六种类型：轻快型、凝重型、低沉型、高亢型、舒缓型和紧张型。这六种分类，主要是根据声音形式的速度、力度和亮度方面的特点来划分的。声音的高低、轻重、快慢三方面不同的对比组合关系，构成朗诵节奏的基本转换形式。即欲扬先抑，欲抑先扬；欲快先慢，欲慢先快；欲重先轻，欲轻先重。

以上几种基本的节奏转换形式，由于它们的概括性和抽象性，因而具有普遍性。但在实际运用时，情况又是多种多样的，有时用一种转换形式，更多的则是两种或两种以上转换形式交织在一起综合运用。

14

朗诵的态势

口头语言是人类以有义有序的声音为物质材料的信息载体，书面语言是人类以有义有序的文字为物质材料的信息载体，态势语言则是人类以有义有序的面部表情、身势动作、空间距离、服饰装束为物质材料的信息载体。

美国心理学家艾帕尔·梅拉别恩曾经通过许多实验总结出如下公式：信息的效果＝7％的文字＋38％的音调＋55％的面部表情。这就十分清楚地告诉我们，态势语在信息传递中的作用是举足轻重的。

态势语是人类特有的语言表达形式，具有三种功能：在激发感情并欲造成渲染效果时，对重要的问题、词句进行加重或强调处理时，在做肯定或否定判定时，发挥加势和强化功能。

在朗诵过程中，态势语可以辅助有声语言，使有声和无声两者彼此互补、相得益彰，让朗诵艺术得到完美的体现。态势语主要包括面部表情、眼神、手势和身体动作，这几个方面在朗诵中都会运用到。总体而言，态势语的训练应该遵循自然和谐、优美得体和规范标准的原则。

（一）关于眼神

俗话说，眼睛是心灵的窗户。内心世界的各种活动都能通过眼睛表现出来，因此，表情的中心是眼睛。这是将朗诵者和听众观众连接在一起的秘诀。

戏剧影视表演时，演员的眼神多与对手接触；演讲时，演讲者的眼神多与观众接触。朗诵的时候，朗诵者的眼神一方面可以与观众沟通交流，强化表达效果；也可以集中凝想，进入诗境。

朗诵者与观众之间的思想感情交流，除了借助有声语言的表达之外，最主要的是眼神的运用。观众接触到什么样的目光，就会有什么样的反应。比如，观众接触到兴奋、热情的目光，就会感到格外高兴；接触到和蔼关切的目光，就会产生亲切感。如果目光呈反复游移状，观众的注意力也会随之分散；目光呈呆滞状，观众亦会感到索然无味；目光呈黯淡状，听众观众就会情绪低落；目光根本不与观众接触、交流，观众就会感到朗诵者忽视他，对他不注意、不关注、不尊重。

我们在朗诵过程中，一般情况下是目光平视，然后根据文本内容的需要，眼睛的视线或近或远，或轮转环视，或用询问的眼神与某一位观众交流，或用亲切友好的目光寻求观众的理解、支持。比如我们在朗诵李白的《静夜思》这首诗时，“床前明月光”视线平射，“疑是地上霜”目光向下，“举头望明月”眼神远望、向上，“低头思故乡”，眼睛向下移动，做沉思状。同时，朗诵者应注意用眼神的变化来表达自己内在的丰富感情。比如，朗诵到喜悦兴奋的地方时，就睁大一些，让眼睛散发出兴奋的光芒；朗诵到忧郁哀伤的地方时，可以让眼皮下垂，或凝视一会儿，使这种感情显露出来；朗诵到愤怒怨恨的地方时，可以瞪大眼睛，固定眼珠，让眼睛射出逼人的光芒；朗诵到轻松愉悦的地方时，可以舒展眉眼，让眼神充满令人喜悦欢快的光彩。

在朗诵过程中，朗诵者的眼睛一般平视前方，有时也可以仰视(表示高大、傲慢),俯视(表示沉思、羞愧),斜视(表示轻蔑)、环视(表示询问)等。

(二)关于表情

如果说眼睛是心灵的窗户,那么表情就是心灵的大门。面部表情是指在内心情感的作用下,面部所作出的喜怒哀乐等情态的变化。朗诵者应善于通过面部表情,把自己的内心情感准确、鲜明、恰当地显现出来,通过面部表情,对观众施加心理影响,构筑起一座与观众交流思想感情的桥梁。

面部表情贵在自然,因为只有自然才会显得朴实、动人、真挚,做作的表情会显得虚假。我们在朗诵作品的时候,应随着朗诵文本的情绪发展而变化,既顺乎自然,又能够和朗诵文本的内容协调一致。朗诵者必须认识到,表情拘谨木讷,就会影响到朗诵的感染力和震撼力;神情慌张则既难以传达出朗诵内容和朗诵者的思想感情,又会影响观众的情绪;故作姿态的感情流露,会使观众感到虚情假意,严重影响朗诵的艺术效果。

朗诵应该做到声情并茂。文本感情突出的地方,必须用面部表情加以表现。文本中所表现的原作者的态度和感情,朗诵者必须仔细揣摩,贴切表达。呆板木讷、干燥枯涩,是朗诵的大忌,当然,表情过火、眉飞色舞、矫揉造作,也属于过犹不及。一般情况下,朗诵时应提起颧肌,保持微笑、兴奋、积极的状态。如果朗诵幽默、风趣的童话、寓言,不能板着脸;朗诵青春活泼、朝气蓬勃的诗篇,不能故作深沉;朗诵缅怀、悼念的文章,就不能满脸阳光和微笑。

朗诵者眉宇、嘴、鼻和面部肌肉的活动,也具有表情达意的作用。比如，双眉紧锁，表示困惑、痛心、痛苦；紧抿双唇，表示犹豫不决或隐秘；面部肌肉紧张，表示严肃、慎重；面部肌肉放松，表示轻松、愉悦。一般来说，朗诵者的面部表情多以平静、自然、朴实为主。观众可以通过朗诵者的表情直观地了解朗诵者的内心情绪。因此，面部表情必须与朗诵文本所蕴含和体现的感情相一致，这样才能收到良好的效果。比如，在朗诵朱自清的散文《春》时，面部表情应轻松、清新，内心充满活力；朗诵臧克家的《有的人》时，面部表情则应该严肃而庄重。

（三）关于手势

朗诵是一门综合性的艺术。有学者甚至认为，朗诵是文学、歌唱、戏剧的三结合。在朗诵过程中，应该设计手势和动作的配合，以求更具感染力和震撼力。《诗大序》说："情动于中而形于言，言之不足故嗟叹之，嗟叹之不足故咏歌之，咏歌之不足，不知手之舞之足之蹈之也。"其实，手势并不只是语言的点缀，有专家研究发现，在说话时做手势有助于思考、表达和记忆。手势用得好，可以增强可视性，同时还会积极帮助朗诵者运用感情，加深观众的印象，并引起他们的强烈共鸣。我们认为，只要是忠于朗诵的文本，出于自然，那么，手势和动作都是可以为朗诵艺术锦上添花的。

手势是指从肩部到指尖的各种活动，包括手臂、肘、腕、掌、指的各种协调动作。手势所表达的意义，是由手势活动的范围、方向、幅度、形状几方面来决定的。下面几点，我们在朗诵时必须加以注意：一是手势和动作必须与朗诵文本紧密配合，不能生硬堆砌，以免产生反效果；二是手势和动作要少而精，要适度、自然、优美、和谐；三是手势动作幅度要小，手臂不要挥得太远，身体也不能经常移动，以免分散观众的注意力，只有在段落的大停顿或文意转折的地方才可移动，以表示进入另一阶段或层面。

手势活动的范围，大体可分为三个区间：肩部以上为上区手势，表示积极向上或激昂，如，朗诵到慷慨激昂的地方时，朗诵者可以双手向上举甚至挥动拳头；肩部到腹部间为中区手势，表示客观冷静，比如叙述一件事情、分析一个道理，朗诵者的手势可以在胸前出现；腹部以下为下区手势，表示鄙夷、厌恶、决裂，比如，当朗诵到“他活着别人就不能活的人，他的下场可以看到！”朗诵者可以做出一个往下劈的手势。

当然，朗诵者手势活动的方向也是有讲究的。一般说来，向内、向上的手势，意味着肯定、赞同、号召、鼓励、希望、充满信心，是积极的手势；向外向下的手势，意味着否定、拒绝、制止、终止、摒弃、冷漠，是消极的手势。比如，同样是举起两个手掌，掌心向内、往内缩，表示向我靠拢、注意我；掌心向外、往外推，则是意味着拒绝、回避。

总体而言，朗诵者的手势从来不是单独进行的，它的一举一动，总是和声音、姿态、表情等密切配合进行的。手势的起落和话音的起伏应是同时和同步的，不可互为先后。如果话说出去了，手势还没有做，或话已讲完，手势还在继续，不仅失去了它的意义，也会让观众感到滑稽可笑。在朗诵中，手势幅度和感情浓淡是成正比的，比如，感情激昂时手的幅度、力度可以大一些。

朗诵者的手势必须随着朗诵文本的内容、自己的情感和现场气氛自然地表现出来，手势的部位、幅度、方向、力度都应与朗诵的有声语言、面部表情、身体姿态相适宜，协调一致，千万不可生搬硬套，为了做手势而去做手势。

手势毕竟是口语的辅助手段，使用时切忌过多过滥、毫无节制，每做一个手势，都要力求简单精练、清楚明了、干净利索，不可琐碎和拖泥带水。小动作、琐碎动作千万不能做，重复的动作也不要多做。

（四）关于身姿

身姿语是通过身体姿态的变化来进行表达的一种无声语言。

“站姿”是朗诵中常见的一种身姿语，是通过站立的姿态进行表达的一种无声语言。朗诵时应尽量避免的站姿主要有：1.两脚并拢、昂首挺胸，很有精神，却显呆板，不能给人以自然美。2.两脚叉开，不能给人谦虚的感觉。3.呈“稍息”姿态，一只脚还在不停地抖动，给人不严肃、不稳重的印象。4.耸肩或不停地晃动身体，给人懒散的感觉。

朗诵者标准的站姿是重心平稳，挺胸抬头收腹，双脚略微分开，既要做到挺拔，又不显得过于僵硬，两肩平齐，腿要绷直。在朗诵过程中，随着情感、情绪的变化，朗诵者有时挺立，有时前倾，有时后仰，有时左右晃动，有时徘徊犹豫，有时来回走动。总之，体态动作要做到姿态优美、恰如其分，符合人们的审美习惯，同时，还必须符合朗诵者的性别、年龄、职业及性格等特征。

身姿运用得好的话，可以避免呆板，增强视觉效果，起到吸引、强化、印证的作用。当然，我们更要相信有声语言的力量，朗诵中体态语永远是辅助性的。一句话一个动作，妄图图解有声语言是绝对不行的。过于频繁的动作和过分展现的表情，会适得其反，破坏朗诵艺术的整体效果。

15

朗诵的配乐

音乐可以为朗诵艺术增色。音乐通过旋律、节奏、和声等塑造音乐形象，表达思想感情。运用音乐进行配乐朗诵，可以使听众进入一个特定的意境之中，更好地体会作品的情感，同时朗诵者的情感也更容易被调动起来，使有声语言表达更显生动、立体、活跃。

毕一鸣教授认为，朗诵配乐的意义，一是渲染情境，引发联想；二是深化主题，揭示意义；三是增强美感，跌宕回环；四是触动激情，丰富想象。因此，配乐朗诵并不是随随便便找一段乐曲去陪衬，而必须认真选取，使之符合朗诵的整体艺术效果。

为朗诵作品配乐，首先要充分理解文本内容，吃透作品的思想主旨，把握作品的艺术特色，同时还要兼顾朗诵者的表达风格和语言处理方式。一般来说，朗诵配乐在选曲编配上有三种方式：一是铺垫式。这种方法简单易行，音乐作为一种铺垫，配合朗诵，音乐与朗诵作品的意境并不一定完全吻合，只是在一定程度上烘托意境，丰富视听效果。二是编辑式。它根据朗诵文本的内容和结构进行配乐构思，在选取的音乐素材中进行剪辑、编辑，根据朗诵文本的基本节奏和进程，设计成不同音长、音强、音高的片段，加工组合，与朗诵文本有着比较严密的对应性，形成和谐的整体感。三是创作式。这是在某些特定的大型朗诵节目中，专门请作曲家为朗诵文本进行配乐创作，精益求精，浑然一体。这种原创的做法无疑是最理想的配乐方法，但是对于一般的朗诵爱好者来说，这种做法成本较高。因此，我们建议朗诵者精心挑选现有的音乐素材，以便于操作。

首先，在乐曲的选择上，尽量选择与朗诵作品内涵和基调相近的乐曲。朗诵者既要了解朗诵作品的思想主题，也要了解配乐曲目的情感基调。比如朗诵古典诗词，就可以选择中国传统的古乐曲，二者搭配会显得更和谐。如某网站专门给朗诵的配乐素材作了如下分类：歌颂祖国类，亲情乡情类，爱情友情类，自然诗意类，草原马头琴主题，强烈节奏、气势磅礴类，交响乐类，轻音乐类，提琴主题，古琴古曲古韵，景与情，海韵，牧童笛、笛子，大提琴专集，二胡专集，竹笛乡恋集，柔美钢琴集等等。其次，要注意朗诵作品的长度和乐曲的长度大致相同。如果音乐时长不够，可以找两首乐曲灵活、有机地组接起来，但是不能采用戛然而止的方式，一首完了马上接另一首，而应该采用淡入淡出的方式，不露痕迹地巧妙过渡、自然衔接。再次，给朗诵配乐要注意适当留白。我国自古就有“大音希声”、“大象无形”的说法。在朗诵过程中，创作主体和接受主体往往都会出现“陶醉”、“酝酿”、“回味”的状态，而此时运用留白的艺术，可以配合有声语言表达，达到“此时无声胜有声”的艺术效果，给听众留下思考和想象的空间。最后，朗诵配乐还应注意音量大小的控制。最好事先与调音师沟通好，哪些地方应突出旋律，哪些地方可以淡化音乐，都要事先有所考虑和设计，不可从头到尾没有变化，更不可一味地放大音乐音量，以免喧宾夺主，造成干扰。

16

朗诵精品选

一、古典名篇

回乡偶书

贺知章

少小离家老大回，乡音无改鬓毛衰。
儿童相见不相识，笑问客从何处来。

【朗诵指要】

这是一首久客异乡，返回故里的感怀诗。全诗抒发了山河依旧，人事不同，人生易老，世事沧桑的感慨。一、二句，诗人置于熟悉而又陌生的故乡环境中，心情难以平静。首句写数十年久客他乡的事实，次句写自己的“老大”之态，暗寓乡情无限。三、四句虽写自己，却从儿童方面的感觉着笔，极富生活情趣。全诗在有问无答中作结，哀婉备至，动人心弦，千百年来为人传诵，老少皆知。朗诵的时候应细品诗境，做到感情自然、语言朴实无华，不要刻意雕琢。

出　塞

王之涣

黄河远上白云间，一片孤城万仞山。
羌笛何须怨杨柳，春风不度玉门关。

【朗诵指要】

这首诗旨在写凉州险僻，守边艰苦。诗的首句，写汹涌澎湃的黄河发源于云端，突出其源远流长，展示边地广漠壮阔的风光。次句写凉州城的戍边堡垒，地处险要，境界孤危。“一片”是唐诗常用词，通常与“孤”相连用（如“一片孤云”、“孤帆一片”等等），这里是“一座”的意思。三句递转，写所闻。羌笛吹奏着《折杨柳》的曲调，勾起征夫的离愁。唐时有折柳赠别的风俗，因而见杨柳而生愁，甚至听《折杨柳》而生怨。关外春风不度，杨柳不青，无法折柳寄情，听曲更生怨恨：“天寒地冻”、“征战无期”、“归家无望”。然而，怨也罢，愁也罢，都是枉然，因而作“何须怨”。朗诵应把握委婉、深沉、含蓄的总体基调，不宜过于外化、直白，应给人以回味的余地。

早发白帝城

李　白

朝辞白帝彩云间，千里江陵一日还。
两岸猿声啼不住，轻舟已过万重山。

【朗诵指要】

诗人朝发白帝，暮至江陵，舟行一日，水程千里，其迅疾自不待言，其喜悦更不待言。作品如三峡流水，于一气奔放中寓流转回宕之美。朗诵的时候应将作者喜悦的情感融于作品的场景之中，刚柔相济，气畅声通。

望庐山瀑布

李　白

日照香炉生紫烟，遥看瀑布挂前川。
飞流直下三千尺，疑是银河落九天。

【朗诵指要】

这是一首气势磅礴的山水诗。作者运用丰富的想象，把庐山瀑布描写得气势飞动，极为壮观，表达了诗人对祖国锦绣山河的赞美之情。朗诵时应注意对遥看中的瀑布全景和飞流直下的壮观景色的描绘。可以设想随着李白这位“导游”去品赏，认真体会诗人那博大的胸襟，并处理好每句诗中的动词：“照”、“生”、“看”、“挂”、“下”、“凝”、“落”。另外要注意声音高低起落的抑扬幅度。

江　雪

柳宗元

千山鸟飞绝，万径人踪灭。
孤舟蓑笠翁，独钓寒江雪。

【朗诵指要】

这是一幅江乡雪景图。山山是雪，路路皆白。飞鸟绝迹，人踪湮没。遐景苍茫，迩景孤冷。意境幽僻，情调凄寂。渔翁形象，精雕细琢，清晰明朗，完整突出。此诗采用入声韵，朗诵的时候应韵促味永，刚劲有力。

春　晓

孟浩然

春眠不觉晓，处处闻啼鸟。
夜来风雨声，花落知多少。

【朗诵指要】

这是一首惜春诗，诗人抓住春晨生活的一刹那，镌刻了自然的神髓、生活的真趣，抒发了对烂漫醉人的春光的喜悦，对生机勃勃的春意的酷爱。言浅意浓，景真情真，悠远深沉，韵味无穷，传之千古，光彩照人。朗诵的时候应调动"情景再现"技巧，设身处地地体会真情真景，用声应悠远、深沉。后两句是想象中的景，应有虚幻之感，表达时声音应弱处理，以平直调结束。

游子吟

孟　郊

慈母手中线，游子身上衣。
临行密密缝，意恐迟迟归。
谁言寸草心，报得三春晖。

【朗诵指要】

这是一首母爱的颂歌。诗中亲切真淳地歌颂了伟大的人性美——母爱。诗的开头两句，所写的人是母与子，所写的物是线与衣，然而却点出了母子相依为命的骨肉之情。中间两句集中写慈母的动作和意态，表现了母亲对儿子的深笃之情。虽无言语，也无泪水，却充溢着爱的纯情，扣人心弦，催人泪下。最后两句是前四句的升华，以通俗形象的比喻寄托赤子炽烈的情怀，对于春日般的母爱，小草似的儿女怎能报答于万一呢？全诗既无华丽的辞藻，亦无巧琢雕饰，朗诵时应用清新流畅、淳朴素淡的语言，饱含着浓郁醇美的诗味，情真意切，拨动听众的心弦，引起万千游子的共鸣。

游园不值

叶绍翁

应怜屐齿印苍苔，小扣柴扉久不开。
春色满园关不住，一枝红杏出墙来。

【朗诵指要】

这首小诗写诗人春日游园观花的所见所感，写得十分形象而又富有理趣。这首诗情景交融，千古传诵。由于有了“应怜屐齿印苍苔”的设想，才引出后两句更新奇的想象：虽然主人自私地紧闭园门，好像要把春色关在园内独赏，但“春色满园关不住，一枝红杏出墙来”。这后两句诗形象鲜明，构思奇特，“春色”和“红杏”都被拟人化，不仅景中含情，而且景中寓理，能引起读者许多联想，受到哲理的启示：“春色”是锁不住的，“红杏”必然要“出墙来”宣告春天的来临。同样，一切新生的美好的事物也是封锁不住、禁锢不了的，它必能冲破任何束缚，蓬勃发展。朗诵时应把握轻快型节奏，意味深长地读出哲理。

无题

李商隐

相见时难别亦难，东风无力百花残。
春蚕到死丝方尽，蜡炬成灰泪始干。
晓镜但愁云鬓改，夜吟应觉月光寒。
蓬山此去无多路，青鸟殷勤为探看。

【朗诵指要】

就诗而论，这是一首表达两情至死不渝的爱情诗。然而历来颇多学者认为或许有人事关系上的隐托。起句两个“难”字，点出了聚首不易、别离更难之情，感情绵邈，语言多姿，落笔非凡。颔联以春蚕作比，十分精彩，既缠绵沉痛，又坚贞不渝。接着颈联写晓妆对镜，抚鬓自伤，是自计；良夜苦吟，月光披寒，是计人。相劝自我珍重，善加护惜，却又苦情密意，体贴入微，可谓千回百转，神情燕婉。最终末联写希望信使频传佳音，意致婉曲，柳暗花明，真是终境逢生，别有洞天。春蚕两句，千秋佳绝。朗诵应淡雅、柔美、质朴，做到对比有度，主次明晰。

芙蓉楼送辛渐

王昌龄

寒雨连江夜入吴，平明送客楚山孤。
洛阳亲友如相问，一片冰心在玉壶。

【朗诵指要】

这是一首送别诗。诗的构思新颖，淡写朋友的离情别绪，重写自己的高风亮节。前两句苍茫的江雨和孤峙的楚山，烘托送别时的孤寂之情；后两句自比冰壶，表达自己的开朗胸怀和坚强性格。朗诵的时候要触景生情，寓情于景，含蓄蕴藉，韵味无穷。

黄鹤楼

崔　颢

昔人已乘黄鹤去，此地空余黄鹤楼。
黄鹤一去不复返，白云千载空悠悠。
晴川历历汉阳树，芳草萋萋鹦鹉洲。
日暮乡关何处是，烟波江上使人愁。

【朗诵指要】

这首诗是吊古怀乡之佳作。诗人登临古迹黄鹤楼，泛览眼前景物，即景生情，诗兴大发，脱口而出，一泻千里。既自然宏丽，又饶有风骨。真是信手拈来，一气呵成，成为历代推崇的珍品。传说李白登此楼，目睹此诗，大为折服，说："眼前有景道不得，崔颢题诗在上头。"严沧浪也说唐人七言律诗，当以此为第一。朗诵时应做到情景交融，流畅自然。

闻官军收河南河北

杜　甫

剑外忽传收蓟北，初闻涕泪满衣裳。
却看妻子愁何在，漫卷诗书喜欲狂。
白日放歌须纵酒，青春作伴好还乡。
即从巴峡穿巫峡，便下襄阳向洛阳。

【朗诵指要】

唐代宗广德元年(763 年)正月，史朝义兵败自杀，部将田承嗣、李怀仙相继投降，河南、河北先后被官军收复，延续了七年多的“安史之乱”彻底平息。当时诗人杜甫正携着妻儿流落在四川梓州，听到这一胜利喜讯不禁大喜若狂，在极度兴奋中，一改过去沉郁顿挫、含蓄蕴藉的诗风，以轻快活泼、爽朗奔放的语言，写下了这首脍炙人口的七律名作。作品表达了诗人苦尽甘来的喜悦心情，朗诵时应使用轻快型节奏，把诗人激昂慷慨、欢欣雀跃的情绪表现出来。“妻子”此处是指妻子和儿子，因此，“妻子”一词不能读成轻声。

凉州词

王　翰

葡萄美酒夜光杯，欲饮琵琶马上催。
醉卧沙场君莫笑，古来征战几人回。

【朗诵指要】

该诗是咏边塞情景之名作。全诗描写了艰苦荒凉的边塞的一次盛宴，描摹了征人们开怀痛饮、尽情酣醉的场面。首句绚丽优美，音调应清越悦耳，显示出盛宴的豪华气派；“欲饮”

两字进一层极写热烈场面，酒宴外加音乐，朗诵时应注意渲染气氛。三、四句写征人互相劝饮，尽情尽致，表达时应注意乐而忘忧，豪放旷达。

春 日

朱 熹

胜日寻芳泗水滨，无边光景一时新。
等闲识得东风面，万紫千红总是春。

【朗诵指要】

诗歌叙述诗人外出河边寻春踏青，一眼望去就感觉到处焕然一新。诗人赞美了春天美好的景象，同时也道出了“东风”是万紫千红春天的源头这个道理。朗诵时我们应该认识到，这并不是一首单纯的写景诗，而是一首哲理诗。从字面上看，这首诗好像是写游春观感，但细究寻芳的地点是泗水之滨，而此地在宋南渡时早被金人侵占。朱熹未曾北上，当然不可能在泗水之滨游春吟赏。其实诗中的“泗水”是暗指孔门，因为春秋时孔子曾在洙、泗之间弦歌讲学，教授弟子。因此所谓“寻芳”即是指求圣人之道。“万紫千红”比喻孔学的丰富多彩。诗人将圣人之道比作催发生机、点染万物的春风。全诗形象鲜明，理趣盎然。“等闲识得”，这里的“识”字照应首句中的“寻”字，读“东风”二字应想象到春天的温馨和煦、轻柔徐缓，能吹散浓云，吹融冰雪，吹绿大地，吹艳百花。读到末句“万紫千红总是春”时，应想到水到渠成，情绪昂扬，收束有力。

泊秦淮

杜　牧

烟笼寒水月笼沙，夜泊秦淮近酒家。
商女不知亡国恨，隔江犹唱后庭花。

【朗诵指要】

这首诗是即景感怀诗。金陵曾是六朝都城，繁华一时。目睹如今唐朝的国势日衰，当权者昏庸荒淫，不免会重蹈六朝覆辙，无限感伤。首句写景，先竭力渲染水边夜色的清淡素雅；二句叙事，点明夜泊地点；三、四句感怀，由“近酒家”引出商女之歌，由歌曲之靡靡，牵出“不知亡国恨”，抨击豪绅权贵沉溺于声色，意境含蓄深沉；由“亡国恨”推出“后庭花”的曲调，借陈后主之尸，鞭笞权贵的荒淫，深刻而犀利。朗读时，应用心体会和感受作者身处乱世、心忧庙堂的悲凉心境。语气苍凉、凝重。

枫桥夜泊

张　继

月落乌啼霜满天，江枫渔火对愁眠。
姑苏城外寒山寺，夜半钟声到客船。

【朗诵指要】

由于这首诗情景描写真切，画面清新，因而历来为人所传诵，甚至使得枫桥和寒山寺也因此而名扬天下。秋天的夜晚，一艘远道而来的客船停泊在苏州城外的枫桥边。明月已经落下，几声乌鸦的啼叫，满天的寒霜，江边的枫树，点点的渔火，这清冷的水乡秋夜，陪伴着舟中的游子，让他感到是多么凄凉。此诗只用两句话，就写出了诗人的所见、所闻、所感，并描绘出了一幅凄清的秋夜羁旅图。但此诗更具神韵的却是后两句，那寒山寺的夜半钟声，不但衬托出夜的宁静，更在重重地撞击着诗人那颗孤寂的心灵，让人感到时空的永恒和寂寞，产生出有关人生和历史的无边遐想。这种动静结合的意境创造，最为典型地传达了中国诗歌艺术的韵味。朗诵时应采用低沉型节奏，表达出游子的清寂、悲凉，赋予夜色孤舟以历史的深度。

念奴娇·赤壁怀古

苏　轼

大江东去，浪淘尽，千古风流人物。
故垒西边，人道是、三国周郎赤壁。
乱石穿空，惊涛拍岸，卷起千堆雪。
江山如画，一时多少豪杰。

遥想公瑾当年，小乔初嫁了，雄姿英发。
羽扇纶巾，谈笑间、樯橹灰飞烟灭。
故国神游，多情应笑我，早生华发。
人生如梦，一樽还酹江月。

【朗诵指要】

《念奴娇·赤壁怀古》是苏轼贬官黄州后的作品，分上下两阕。上阕咏赤壁，下阕怀周瑜，并怀古伤己，以自身感慨作结。上阕咏赤壁，着重写景，即景抒怀，引起对古代英雄人物的怀念。下阕着重写人，借对周瑜的仰慕，抒发自己功业无成的感慨。作者吊古伤怀，遥想古代豪杰，借古传颂英雄之业绩，思自己历遭之挫折。不能建功立业，壮志难酬，词作抒发了他内心忧愤的情怀。朗诵时应结合情景和怀古来抒发感情。如上阕对赤壁的描写和赞美，寓情于景，情景交融。下阕刻画周瑜形象，朗诵时应倾注对历史英雄的敬仰。最后借"一樽还酹江月"来表达感慨之情，要做到感情奔放，语言生动形象。

白雪歌送武判官归京

岑　参

北风卷地白草折，胡天八月即飞雪。
忽如一夜春风来，千树万树梨花开。
散入珠帘湿罗幕，狐裘不暖锦衾薄。
将军角弓不得控，都护铁衣冷犹著。
瀚海阑干百丈冰，愁云惨淡万里凝。
中军置酒饮归客，胡琴琵琶与羌笛。
纷纷暮雪下辕门，风掣红旗冻不翻。
轮台东门送君去，去时雪满天山路。
山回路转不见君，雪上空留马行处。

【朗诵指要】

这是咏边地雪景、寄寓送别之情的诗作，全诗句句咏雪，勾勒出天山奇寒。开篇先写野外雪景，把边地冬景比作南国春景，可谓妙手回春。再从帐外写到帐内，通过人的感受，写天之奇寒。然后再移至帐外，勾画出壮丽的塞外雪景，并安排了送别的特定环境。最后写送出军门，正是黄昏大雪纷飞之时，大雪封山，山回路转，不见踪影，隐含离情别意。朗诵时应注意把握低沉、伤感的基调，对全诗连用的四个“雪”字，要细心体会出别前、饯别、临别、别后四个不同画面的雪景，做到景致多样，色彩绚丽。

望月怀远

张九龄

海上生明月，天涯共此时。
情人怨遥夜，竟夕起相思。
灭烛怜光满，披衣觉露滋。
不堪盈手赠，还寝梦佳期。

【朗诵指要】

这首诗写景抒情并举，情景交融，诗风古朴，境界高雅。诗人望见明月，立刻想到远在天边的亲人也许此时此刻正与其同望。有怀远之情的人，难免终夜相思，彻夜不眠。身居室内，灭烛望月，清光满屋，更觉可爱；披衣出户，露水沾润，月华如练，愈加陶醉。如此境地，忽然想到月光虽美却不能采撷以赠远方亲人，倒不如回到室内，寻个美梦，或可期得欢娱的约会。朗诵时应考虑到诗的意境幽静、秀丽，做到情感真挚，层层深入不紊，语言自然畅达，余甘无尽。

九月九日忆山东兄弟

王　维

独在异乡为异客，每逢佳节倍思亲。
遥知兄弟登高处，遍插茱萸少一人。

【朗诵指要】

诗写游子思乡怀亲。诗人一开头便紧急切题，写异乡异土生活的孤独凄然，因而时时怀乡思人，遇到佳节良辰，思念倍增。接着，诗一跃而写远在家乡的兄弟按照重阳的风俗登高时，也在怀念自己。朗诵时要把握舒缓、凝重的基调，含蓄深沉，既朴素自然，又曲折有致。

出　塞

王昌龄

秦时明月汉时关，万里长征人未还。
但使龙城飞将在，不教胡马度阴山。

【朗诵指要】

这是一首著名的边塞诗，表现了诗人希望起任良将，早日平息边塞战事，使人民过上安定生活的愿望。诗人从写景入手，首句勾勒出一幅冷月照边关的苍凉景象。“秦时明月汉时关”这一句拔高了全诗的境界，在朗诵时，起调应高亢一些，从而带动全诗的情绪，显出雄浑的气魄。次句“万里长征人未还”，“万里”指边塞和内地相距万里，虽属虚指，却突出了空间的辽阔，“人未还”使人联想到战争给人带来的灾难，朗诵时应突出悲愤的情感。怎样才能解脱人民的困苦呢？诗人寄希望于有才能的将军。“但使龙城飞将在，不教胡马度阴山。”只要镇守龙城的飞将军李广还活着，就不会让胡人的骑兵跨越过阴山。后两句写得含蓄、巧妙。这首诗被称为唐人七绝的压卷之作。朗诵时应做到悲壮而不凄凉，慷慨而不浅露。

过零丁洋

文天祥

辛苦遭逢起一经，干戈寥落四周星。
山河破碎风飘絮，身世浮沉雨打萍。
惶恐滩头说惶恐，零丁洋里叹零丁。
人生自古谁无死，留取丹心照汗青。

【朗诵指要】

这是南宋文天祥的著名爱国七言律诗。从全诗的构思上看，前面六句把悲愤艰危的气氛渲染到了极致，接下来的两句则笔锋一转，情绪由悲愤转为激昂，由压抑转为高亢。“人生自古谁无死，留取丹心照汗青。”古往今来，人难免一死，为拯救国家而死，舍生取义，一片丹心将载入史册，映照千古。这激情慷慨的两句诗，表明了诗人舍生取义的决心，充分体现了他的民族气节。全诗也因有此两句收尾而成为一代名作、千古壮歌。朗诵时要把握高亢型节奏，感情激越，气势恢弘。

登岳阳楼

杜　甫

昔闻洞庭水，今上岳阳楼。
吴楚东南坼，乾坤日夜浮。
亲朋无一字，老病有孤舟。
戎马关山北，凭轩涕泗流。

【朗诵指要】

唐代宗大历三年(768 年)之后，杜甫出峡漂泊两湖，此诗是登岳阳楼而望故乡，触景感怀之作。开头写早闻洞庭盛名，然而到暮年才实现目睹名湖的愿望，表面看有初登岳阳楼之喜悦，其实意在抒发早年抱负至今未能实现之情。二联写洞庭的浩瀚无边。三联写政治生活坎坷，漂泊天涯，怀才不遇的心情。末联写眼望国家动荡不安，自己报国无门的哀伤。写景虽只两句，却显技巧精湛；抒情虽暗淡落寞，却吞吐自然，毫不费力。朗诵时应把握深沉型节奏，做到人与情合，情与语切。

将进酒

李　白

君不见黄河之水天上来，奔流到海不复回。
君不见高堂明镜悲白发，朝如青丝暮成雪。
人生得意须尽欢，莫使金樽空对月。
天生我材必有用，千金散尽还复来。

烹羊宰牛且为乐，会须一饮三百杯。
岑夫子，丹丘生，将进酒，杯莫停。
与君歌一曲，请君为我侧耳听。
钟鼓馔玉不足贵，但愿长醉不复醒。
古来圣贤皆寂寞，唯有饮者留其名。
陈王昔时宴平乐，斗酒十千恣欢谑。
主人何为言少钱，径须沽取对君酌。
五花马，千金裘，呼儿将出换美酒，与尔同销万古愁。

【朗诵指要】

这首劝酒诗抒发了作者积蓄已久的酸甜苦辣之情。诗篇既表现了青春易逝、功业未成的愁绪，又表现了豪放旷达、洒脱不羁的性情，悲中有乐，乐中有悲。朗诵时要把握好高亢型节奏，气息应随情绪的变化收纵自如，语势的对比和起伏可稍大一些。

满江红

岳　飞

怒发冲冠，凭栏处、潇潇雨歇。抬望眼，仰天长啸，壮怀激烈。三十功名尘与土，八千里路云和月。莫等闲、白了少年头，空悲切。

靖康耻，犹未雪；臣子恨，何时灭？驾长车、踏破贺兰山缺。壮志饥餐胡虏肉，笑谈渴饮匈奴血。待从头、收拾旧山河，朝天阙。

【朗诵指要】

岳飞此词激励着中华民族的爱国心。前四字，即司马迁写蔺相如“怒发上冲冠”的妙用，表明这是不共戴天的深仇大恨。此仇此恨，因何愈思愈不可忍？正缘独上高楼，自倚阑干，纵目乾坤，俯仰六合，不禁热血满怀沸腾激昂。而此时秋霖乍止，风澄烟净，光景自佳，稍遣郁闷之怀，于是仰天长啸，以抒此万斛英雄壮志。这“潇潇雨歇”四字，笔锋微顿，方见气度渊静。

朗诵开头时，应注意凌云壮志，气盖山河，气势磅礴。“三十功名尘与土，八千里路云和月”十四个字，如见将军抚膺自理半生壮志，九曲柔肠，英雄正是多情人物；“尘与土”、“云和月”是关键词语，表达了作者的人生观与远大抱负，朗诵时可将“尘与土”作重音的“实控制”，将“云和月”作重音的“虚处理”。靖康之耻，指徽、钦两帝被掳，犹不得还，故下言臣子抱恨无穷，此是古代君臣观念。

下阕的朗诵基本上是高亢昂扬的，最后一句“待从头、收拾旧山河，朝天阙”满腔忠愤，丹心碧血，是作者感情的升华，“朝天阙”三个字应慢读、拉长，使声音高强、情感激越。

水调歌头

苏　轼

明月几时有，把酒问青天。不知天上宫阙，今夕是何年。我欲乘风归去，又恐琼楼玉宇，高处不胜寒。起舞弄清影，何似在人间。

转朱阁，低绮户，照无眠。不应有恨，何事长向别时圆。人有悲欢离合，月有阴晴圆缺，此事古难全。但愿人长久，千里共婵娟。

【朗诵指要】

这是一首中秋月夜为怀念亲人而写的词。作者运用形象描绘的手法，勾勒出一种皓月当空、美人千里、孤高旷远的意境氛围，把自己遗世独立的意绪和往昔的神话传说融为一体，在月的阴晴圆缺当中，渗进浓厚的哲学意味，可以说是一首将自然和社会高度契合的感喟之作。此词通篇咏月，却处处关合人事。上阕借明月自喻孤高，下阕用圆月衬托别情。它构思奇特，蹊径独辟，极富浪漫主义色彩。朗诵时应将宏伟雄放、驰骋豪迈的气势表达出来。首句是作者对青天发出迷茫的痴问，往后语气逐渐舒展，理想、现实、冷酷、孤独、希望、祝福交织在一起，应控纵自如，洒脱自在。

梦游天姥吟留别

李 白

海客谈瀛洲，烟涛微茫信难求。
越人语天姥，云霓明灭或可睹。
天姥连天向天横，势拔五岳掩赤城。
天台四万八千丈，对此欲倒东南倾。
我欲因之梦吴越，一夜飞渡镜湖月。
湖月照我影，送我至剡溪。
谢公宿处今尚在，渌水荡漾清猿啼。
脚著谢公屐，身登青云梯。
半壁见海日，空中闻天鸡。
千岩万转路不定，迷花倚石忽已暝。
熊咆龙吟殷岩泉，栗深林兮惊层巅。
云青青兮欲雨，水澹澹兮生烟。
列缺霹雳，丘峦崩摧。
洞天石扉，訇然中开。
青冥浩荡不见底，日月照耀金银台。
霓为衣兮风为马，云之君兮纷纷而来下。

虎鼓瑟兮鸾回车，仙之人兮列如麻。
忽魂悸以魄动，怳惊起而长嗟。
惟觉时之枕席，失向来之烟霞。
世间行乐亦如此，古来万事东流水。
别君去兮何时还？且放白鹿青崖间，须行即骑访名山。
安能摧眉折腰事权贵，使我不得开心颜。

【朗诵指要】

作品形象地描述了诗人奇异的梦境，抒发了诗人对名山、仙境的向往，而在最后则一吐胸中郁闷，表现了诗人对权贵的蔑视及对现实生活的不满。全诗内容丰富，梦中情景曲折多变，惊心动魄，朗诵时应运用丰富的想象，尽情抒发诗人的浪漫主义情怀，格调高昂，潇洒出尘。

钗头凤

陆　游

红酥手，黄縢酒，满城春色宫墙柳。东风恶，欢情薄，一怀愁绪，几年离索。错，错，错！

春如旧，人空瘦，泪痕红浥鲛绡透。桃花落，闲池阁，山盟虽在，锦书难托。莫，莫，莫！

【朗诵指要】

陆游初娶唐氏，夫妇风情甚美。然儿媳不合婆婆的心意，老人家活活拆散了这一姻缘。几年后的一个春日，陆游在家乡城南禹迹寺的沈园邂逅已经别嫁的前妻，她仍遣人送酒肴致意，使陆游惆怅莫名，即成此词，挥笔题写于园壁。这首爱情杰作，表达了作者怀念前妻的真挚之情和被迫离开的悔恨痛苦。朗诵时应注意整体基调的缓慢沉郁。“东风恶”处，词情陡转，可加强语气，以示对封建礼教的控诉和不满。“错，错，错！”三字，如连发之弩，一字一顿，语气渐强，以突出作者沉痛悔恨之情。

虞美人

李　煜

春花秋月何时了，往事知多少。小楼昨夜又东风，故国不堪回首月明中。

雕阑玉砌应犹在，只是朱颜改。问君能有几多愁，恰似一江春水向东流。

【朗诵指要】

全词以问起，以答结；由问天、问人而到问己，通过凄楚中不无激越的音调和曲折回旋、流走自如的艺术结构，使作者沛然莫御的愁思贯穿始终，形成沁人心脾的美感效应。文章以富有感染力和象征性的比喻，将愁思写得既形象化又抽象化。几度运用的两相对比和隔句呼应，反复强调了自然界的轮回更替和人生的短暂易逝，富有哲理意味，感慨深沉。一、二两句春花秋月的无休无止和人间事的一去难返对比；三、四两句“又东风”和“故国不堪回首”对比；五、六两句“应犹在”和“改”对比；“又东风”、“应犹在”又呼应“何时了”，“不堪回首”、“朱颜改”又呼应“往事”。如此对比和回环，形象逼真地传达出词人内心的波涛起伏和忧思难平。这首词写的是作者家破国亡之后的痛楚和抚今追昔的无尽悔恨。朗诵时应注意语调低沉，节奏缓慢。

浪淘沙

李　煜

帘外雨潺潺，春意阑珊，罗衾不耐五更寒。梦里不知身是客，一晌贪欢。

独自莫凭栏，无限江山，别时容易见时难。流水落花春去也，天上人间。

【朗诵指要】

此词上阕用倒叙手法，“帘外雨”、“五更寒”，是梦后事；忘却身份，一晌贪欢，是梦中事。潺潺春雨和阵阵春寒，惊醒残梦，使抒情主人公又回到了真实人生的凄凉景况中。梦中梦后，实际上是今昔之比。词中的自然环境和身心感受应细心体味。朗诵时要把握婉转曲折的总体基调。

下阕首句“独自莫凭栏”的“莫”字，有入声与去声(暮)两种读法。作“莫凭栏”，是因凭栏而见故国江山，将引起无限伤感；作“暮凭栏”，是晚眺江山遥远，深感“别时容易见时难”。两说皆可通。“流水落花春去也”，与上阕“春意阑珊”相呼应，同时也暗喻来日无多，不久于人世。“天上人间”句，颇感迷离恍惚，李煜用在这里，似指自己的最后归宿。我们应当认识到，李煜词的抒情特色，就是善于从生活实感出发，抒写自己人生经历中的真切感受，自然明净，含蓄深沉。作品具有可与人们感情相互沟通、唤起共鸣的因素，如“别时容易见时难”，便是人们在生活中通常会经历到的一种人生体验。

如梦令

李清照

昨夜雨疏风骤，浓睡不消残酒。
试问卷帘人，却道海棠依旧。
知否？知否？应是绿肥红瘦。

【朗诵指要】

这是李清照早期的词作之一。词中充分体现出作者对大自然、对春天的热爱。春夜里一场风吹雨打之后，词人预感到庭院中的花木必然是绿叶繁茂、花事凋零了，因此，翌日清晨她急切地向“卷帘人”询问室外的变化，粗心的“卷帘人”却答之以“海棠依旧”。朗诵时，对两个“知否”与一个“应是”应注意逻辑关系的对应，“绿肥红瘦”一句，要形象地表达出作者对春天将逝的惋惜之情。

如梦令

李清照

常记溪亭日暮，沉醉不知归路。
兴尽晚回舟，误入藕花深处。
争渡，争渡，惊起一滩鸥鹭。

【朗诵指要】

这是一首绝妙的大自然的赞歌，为李清照年轻时所作。写她经久不忘的一次溪亭畅游，体现出她卓尔不群的情趣、豪放潇洒的风姿和活泼开朗的性格。作品用白描的艺术手法，创造了一个具有平淡之美的艺术境界，清秀淡雅，静中有动。朗诵时语言应恬淡自然、朴实无华，给人以含蓄之美。

茅屋为秋风所破歌

杜　甫

八月秋高风怒号，
卷我屋上三重茅。
茅飞渡江洒江郊，
高者挂罥长林梢，
下者飘转沉塘坳。

南村群童欺我老无力，
忍能对面为盗贼。
公然抱茅入竹去，
唇焦口燥呼不得，
归来倚仗自叹息。

俄顷风定云墨色，
秋天漠漠向昏黑。
布衾多年冷似铁，
娇儿恶卧踏里裂。
床头屋漏无干处，
雨脚如麻未断绝。
自经丧乱少睡眠，
长夜沾湿何由彻！

安得广厦千万间，
大庇天下寒士俱欢颜，
风雨不动安如山？
呜呼！何时眼前突兀见此屋，
吾庐独破受冻死亦足！

【朗诵指要】

上元二年(761 年)的春天,杜甫求亲告友,在成都浣花溪边盖起了一座茅屋,总算有了一个栖身之所。不料到了八月,大风破屋,大雨又接踵而至。诗人长夜难眠,感慨万千,写下了这首脍炙人口的诗篇。诗写的虽是自己的数间茅屋,表现的却是忧国忧民的情怀。“安得广厦千万间,大庇天下寒士俱欢颜,风雨不动安如山”,前后用七字句,中间用九字句,句句蝉联而下,表现阔大境界和愉快情感的词,如“广厦”、“千万间”、“大庇”、“天下”、“欢颜”、“安如山”等等,朗诵时应声音洪亮,形成铿锵有力的节奏和奔腾前进的气势,恰切地表现诗人从“床头屋漏无干处”、“长夜沾湿何由彻”的痛苦生活体验中迸发出来的奔放的激情和火热的希望。朗诵时要注意把握诗人的博大胸襟和崇高理想,注意声音的抑扬顿挫和节奏的灵活变化。

岳阳楼记

范仲淹

庆历四年春,滕子京谪守巴陵郡。越明年,政通人和,百废具兴,乃重修岳阳楼,增其旧制,刻唐贤今人诗赋于其上,属予作文以记之。

予观夫巴陵胜状,在洞庭一湖。衔远山,吞长江,浩浩汤汤,横无际涯;朝晖夕阴,气象万千。此则岳阳楼之大观也,前人之述备矣。然则北通巫峡,南极潇湘,迁客骚人,多会于此,览物之情,得无异乎?

若夫霪雨霏霏,连月不开;阴风怒号,浊浪排空;日星隐曜,山岳潜形;商旅不行,樯倾楫摧;薄暮冥冥,虎啸猿啼。登斯楼也,则有去国怀乡，忧谗畏讥，满目萧然，感极而悲者矣。

至若春和景明，波澜不惊，上下天光，一碧万顷；沙鸥翔集，锦鳞游泳；岸芷汀兰，郁郁青青。而或长烟一空，皓月千里，浮光跃金，静影沉璧，渔歌互答，此乐何极！登斯楼也，则有心旷神怡，宠辱偕忘，把酒临风，其喜洋洋者矣。

嗟夫！予尝求古仁人之心，或异二者之为，何哉？不以物喜，不以己悲。居庙堂之高，则忧其民；处江湖之远，则忧其君。是进亦忧，退亦忧。然则何时而乐耶？其必曰："先天下之忧而忧，后天下之乐而乐"乎！噫！微斯人，吾谁与归！

时六年九月十五日。

【朗诵指要】

《岳阳楼记》全文只有三百六十八字，分五段。第一段，说明作记的缘由。第二段，不对岳阳楼本身作描写，而是由岳阳楼的大观过渡到登楼览物的心情。这段文字的内容是写景，口气却是议论。第三段写览物而悲者，第四段写览物而喜者，这两段采用了对比的写法。一阴一晴，一悲一喜，两相对照。情随景生，情景交融，有诗一般的意境。由这两段描写引出最后的第五段，点明了文章的主旨。文章记事简明，写景铺张，抒情真切，议论精辟，语言也很有特色。它虽然是一篇散文，却穿插了许多四言的对偶句，朗诵时要注意韵律和节奏，如"日星隐曜，山岳潜形"、"沙鸥翔集，锦鳞游泳"、"长烟一空，皓月千里，浮光跃金，静影沉璧"。"衔远山，吞长江"这两句的"衔"字、"吞"字，朗诵时应把握好动感，恰切地表现洞庭湖浩瀚的气势。"不以物喜，不以己悲"，简洁的八个字，应像格言那样富有启示性。"先天下之忧而忧，后天下之乐而乐"，把丰富的意义熔铸到短短的两句话中，应字字铿锵，似有千钧之力。

二、现代精品

青　衣

毕飞语

自古到今，唱青衣的人成百上千，但真正领悟了青衣意韵的极少。

筱燕秋是个天生的青衣胚子。二十年前，京剧《奔月》的演出，让人们认识了一个真正的嫦娥。可造化弄人，此后她沉寂了二十年，在远离舞台的戏校里教书。学生春来的出现让筱燕秋重新看到了当年的自己。二十年后，《奔月》复排，这对师生成了嫦娥的AB角。把命都给了嫦娥的筱燕秋一口气演了四场，她不让给春来，谁劝都没用。可第五场，她来晚了。筱燕秋冲进化装间的时候，春来已经上好了装。她们对视了一眼，都没有开口。筱燕秋一把抓住化装师，她想大声告诉化装师，她想告诉每一个人，"我才是嫦娥，只有我才是嫦娥"，但是她没有说，她现在只会抖动嘴唇，不会说话。

上了装的春来真是比天仙还要美，她才是嫦娥，这个世上没有嫦娥，化装师给谁上装，谁就是嫦娥。大幕拉开，锣鼓响起来了，筱燕秋目送着春来走向了上场门。筱燕秋知道，她的嫦娥在她四十岁的那个雪夜，真的死了。

观众承认了春来，掌声和喝彩声就是最好的证明。

筱燕秋无声地坐在化装台前，她望着自己，目光像秋夜的月光，汪汪地散了一地。她一点都不知道自己做了些什么，她拿起水衣给自己披上，取过肉色底彩，挤在左手的掌心，均匀地一点一点往手上抹，往脖子上抹，往脸上抹……她请化装师给她调眉，包头，上齐眉穗，戴头套，镇定自若地，出奇地安静。

筱燕秋并没有说什么，只是拉开了门，往门外走去。筱燕秋穿着一身薄薄的戏装走进了风雪，她来到了剧场的大门口，站在了路灯下面，她看了大雪中的马路一眼，自己给自己数起了板眼。她开始了唱，她唱的依旧是二黄慢板转原板、转流水、转高腔。

雪花在飞舞，戏场门口，人越来越多，车越来越挤，但没有一点声音。筱燕秋旁若无人，边舞边唱。她要给天唱，给地唱，给她心中的观众唱。筱燕秋的告别演出轰轰烈烈地结束了。人的一生其实就是不断地失去自己挚爱的过程，而且是永远地失去，这是每个人必经的巨大伤痛，而我们从筱燕秋的微笑中看到了她的释怀，看到了她的执着和期盼。

生活中充满了失望和希望，失望在先，希望在后，有希望就不是悲！

【朗诵指要】

文章表达了主人公筱燕秋对戏曲艺术如痴如醉的热爱。那份执着、那份痴迷、那份不舍，令人动容，感人情怀。朗诵时，应细心体会人物的思想感情和内心活动，叙事部分从容、清晰，抒情部分感情强烈。同时要注意语气的起承转合。

凄美的放手

思　敏

1998 年夏天，当洪水铺天盖地袭来的时候，董方保和他的妻子在急流中同时抓住了一棵小树。他们都不会水，求生的本能使他们死死地抱住了那棵救命的小树。洪水迅猛地往上涨，他们拼死地往上爬。终于，幼嫩的树干再也无力承受两个人的重量，一点点朝水面弯下来，弯下来。妻子平静地看了丈夫一眼，说：“还有那么多孩子等着你呢，多保重呵。”还没等董方保反应过来，他的妻子已从容地放开了紧握树干的双手，消失在了湍急的洪流中。董方保悲痛欲绝，但理智告诉他，他不可以随她而去——他是一所小学的校长，他的生命属于千百个天使般的孩子。

“让我先走一步吧。”这是一个爱着丈夫所爱的女人最后的心音。“你可知道，我多么不愿也不忍这么早就对你说出这诀别的话语。别了，生我养我的土地；别了，生死相依的爱人。带着我的一颗心好好活下去呵。待到洪水退去的时候，请你一定要领着我们的女儿小董钰来寻这棵树，告诉她，妈妈曾经怎样地紧握；更要告诉她，妈妈又是怎样微笑着放手。”

【朗诵指要】

这是一个真实的故事。在洪水袭来的紧要关头，在生离死别的一瞬间，一位深爱着丈夫的妻子，毅然选择放弃自己的生命，保全了丈夫和丈夫所在学校的孩子。感人心扉，催人泪下。朗诵时，首先要把洪水袭来时的紧张感、急迫感表现出来，“消失在了湍急的洪流中”要充满着伤痛和不忍，语速低沉、缓慢；“妈妈曾经怎样地紧握”中“紧握”二字要坚定有力，“妈妈又是怎样微笑着放手”中“放手”二字要拉开、放慢，表达出妻子对丈夫、对生命、对生活的依依不舍。

一个人的双人舞

刘　贝

真的想不起他们的名字了，却一直记得他们的爱情。

他们是世界闻名的双人花样滑冰运动员，生活中是恩爱夫妻，滑冰场上是最佳搭档，他们的表演配合默契，珠联璧合，多次在各种大赛中获奖。

所谓天妒佳缘，一次意外，丈夫去世了。这对于常人无疑是一次巨大的打击。对于她，这打击更是加倍的，因为她失去的，不仅是生活上的爱侣，也是艺术上的合作伙伴。从此，她远离了滑冰场。

沉寂几年后，她忽然宣布，要再进行一次花样滑冰，这次，是她一个人，舞姿还是那样娴熟，还是那样优美。她还是从前的她，沉寂了数年，丝毫也没有影响到她的艺术水准，她依然是滑冰场上轻盈的精灵。

但是，所有的观众都落泪了。滑冰场上虽然只有一个人在旋转，在腾跃，但她的动作却分明是两个人的。她的身侧，似乎总是有另一个人的影子。她举臂，似乎有人在为她支撑；她腾跃，似乎有人在扶她的腰；她旋转，似乎有人在与她同行；她微笑，似乎是对着那个人……虽然是一个人的独舞，她的动作却总是双人舞的动作。似乎那个人还陪在她的身边，一如从前。

最后的造型是他们当年的经典。现在，却只有她一个人。另一半，是虚幻，是残缺，是伤痛……

她凝固成一尊雕像，一动不动，只有眼泪涔涔而下。

那是一个人的双人舞，是残缺的完美，是爱情的绝唱。

一去经年，时光流转，物是人非。但在滑冰场上，在她的心中，爱人一直都在，一刻也不曾远离。

【朗诵指要】

爱情是生命中的永恒。似水年华，岁月淘尽，留存心灵深处的，是挥之不去的往日情愫。这篇文章主题鲜明，文字灵动，深刻感人，那刻骨铭心的爱已经超越了死亡，而永恒地存在着。虚幻，残缺，伤痛……令人心酸，眼泪涔涔。朗诵时，要注意情绪的控制、情感的升华和节奏的把握。

享受生命的春光

易　岷

巴东县护士王飞越身患绝症，生命即将走到尽头，她很想留一点什么给这个曾经让她温暖、让她懂得爱的世界。

可是她的全身已开始溃烂，捐赠遗体用于医学解剖和实验已经不太可能。一天，来看望她的弟弟说，"姐姐，你的眼睛好明亮哟。"这句话提醒了王飞越女士，病床上的她顿时兴奋起来："我要捐献眼角膜。"

她的遗愿立刻遭到家人的反对，他们无法理解王飞越的做法。在病床前，他们苦苦哀劝。病床上的王飞越却含着泪说："这样做，可以让两个人重见光明，难道你们不能满足我这个小小的要求吗？"她支撑着写了申请书，求丈夫为她签字。

字终于签了，王飞越松了一口气。可癌细胞已经开始扩散，加上用药，造成全身水肿。如果继续水肿，就会影响眼角膜移植。她忍着痛，向医生提出，"保护好我的眼睛，请不要用止痛药。"

伤痛折磨着她，然而她更担心的是，一旦眼角膜受到损伤，捐献计划将成为泡影。于是请求，在停止呼吸之前，现在就摘掉眼球。

所有的人都在流泪，守护在一边的眼科专家制止了她。疼痛不断加剧，死神越来越近，王飞越的一只眼睛甚至已经不能闭合。她知道，生命已无法挽留，她最担心的是眼球能否完好无损，为此不断地发出新的请求，而且态度十分地坚决：拔掉氧气管！

拔掉氧气管，意味着放弃呼吸，放弃生命，放弃这个美好的世界。氧气管被拔掉了，她又提出新的请求：拔掉输液管。

生命之花终于凋零，只有她的眼角膜被保留了下来。而且其中的一只眼角膜竟让三位病人重见光明。这位从来没有走出过县城的女士，将光明播撒到南疆北土，播撒到遥远的地方……

【朗诵指要】

这个感人的故事告诉我们，如果一个人能够用爱心无偿地给予别人服务和帮助，他的生命就一定会闪烁光芒，充满喜悦和快乐。“拔掉氧气管，意味着放弃呼吸，放弃生命，放弃这个美好的世界”，此处应采用递进的语势凸显这位年轻女护士的伟大和无私；最后部分“将光明播撒到南疆北土，播撒到遥远的地方……”语气应在沉痛中流露几分明朗，告诉人们：世界有爱，人间有情，生命的春光无处不在。

用牙咬住的生命

梦　瑶

这是发生在旅游景点里的一个真实故事。故事中的主人公是两位老人。

一天，两位老人到山崖上看夕阳。

两位老人如醉如痴地欣赏着这无比的美景，突然，妻子感到身边有一个东西在往下坠落，她下意识地伸手一拽，拽住的正是她失足的丈夫。她拽住他的衣领，拼命往上提拉，但无论怎么努力，都无济于事。丈夫悬在山崖上也不敢随意动弹，否则两人都会摔落谷底，粉身碎骨。妻子实在有些支撑不住。她的手麻木了，胳膊又肿又胀，仿佛随时都会和身子断裂。她意识到瘦弱的胳膊根本拉不住他太沉的身体，她只能用牙齿死死咬住他的衣领，坚持到最后一刻。

丈夫悬挂在山崖上，就等于把生命钉在鬼门关上，在这日薄西山的傍晚，有谁还会来到山崖上？意识到这一点之后，他说：“放下吧，亲爱的……”

妻子紧紧咬住牙关无法开口，只能用眼神示意他不要吱声。

一分钟过去了。

两分钟过去了。

十分钟过去了。

冥冥中，他感到有热热的黏黏的液体滴落在他的脸上，他敏感地意识到是从她的嘴巴里流出来的血，还带着一种咸咸腥腥的味道。丈夫又一次央求。可妻子仍死死咬住他的衣领，无法开口说话，她只能用眼神再次阻止他不要挣扎。

一小时过去了。

两小时过去了。

他感到有大颗大颗热热的液体吧嗒吧嗒滴落在他脸上，他知道妻子七窍在出血了，他肝肠寸断却无可奈何。妻子在用一颗坚强的心和死神相抗争。

不知过了多长时间，旅游团的人们举着火炬找到了山崖边，终于救下了两位老人。

那件事发生后，妻子的所有牙齿都脱落了，并从此再也没有站起来。

丈夫每天用轮椅推着她，走在街上，看夕阳。

人们都看着这两位老人融在太阳里，成为一道最美丽的风景。

【朗诵指要】

在爱的故事中，有的并不圆满，有伤痛，有曲折，有泪水，而这正是生命中永恒的爱。情深至此，令人唏嘘，感动不已。故事中两位老人相濡以沫的爱、刻骨铭心的情，成为人世间一道最美丽的风景。朗诵时要细心体味这份情、这份爱，张弛鲜明、情感真挚。

跨越百年的美丽(节选)

梁 衡

居里夫人的美名从她发现镭那一刻起就流传于世，迄今已经百年。这是她用全部的青春、信念和生命换来的荣誉。她一生共得过10项奖金、16种奖章、107个名誉头衔，特别是两次诺贝尔奖。她本来可以躺在任何一项大奖或任何一个荣誉上尽情地享受。但是她视名利如粪土，她将奖金赠给科研事业和战争中的法国，而将那些奖章送给六岁的小女儿去当玩具。上帝给的美形她都不为所累，尘世给的美誉她又怎肯背负在身呢？凭谁论短长，漫将浮名换成了精修细研。她一如既往，埋头工作到67岁离开人世，离开她心爱的实验室。直到她死后40年，她用过的笔记本里，还有射线在不停地释放。爱因斯坦说："在所有的世界著名人物中，玛丽·居里是唯一没有被盛名宠坏的人。"她用事求世，超形脱俗，知道自己的目标，更知道自己的价值。一般人要做到这两个自知，排除干扰并终生如一，是很难很难的，但居里夫人做到了。她让我们明白，人有多重价值，是需要多层开发的。有的人止于形，以售其貌；有的人止于勇，而呈其力；有的人止于心，只用其技；有的人达于理，而用其智。诸葛亮戎马一生，气吞曹吴，却不披一甲，不佩一刃；毛泽东指挥军民万众，在战火中打出一个新中国，却不背枪支，不受军衔。大音希声，大象无形，大智之人，不耽于形，不逐于力，不持于技。他们淡淡地生活，静静地思考，执着地进取，直进到智慧高地，自由地驾驭规律，而永葆一种理性的美丽。

居里夫人就是这样一位挺立在智慧高地的伟人。

【朗诵指要】

这是一篇赞美居里夫人的文章，感染力极强。但它与很多同类型的文章有所不同，这篇文章抓住"美丽"大做文章，指出居里夫人最不简单的一点就是能超越天生美丽的容貌，而为人类作出伟大的贡献，实现自己最高层次的人生价值。这种美丽既来源于她端庄的容颜，也来源于她用生命和信念换来的“镭元素的淡蓝色荧光”，更来源于她献身科学，不惜用生命作代价所追求的人生之美，以及视名利如粪土，圣洁、伟大、高尚的人格之美。这种美丽，一百多年来一直闪耀着璀璨的光芒，受到全世界人民的敬仰。朗诵时要把握文章的线索和思路，将“美丽”作为切入点，理解“美丽”的深层含义，正确认识自我的价值，为实现人生价值而努力奋斗。本文在材料运用上与其他同类文章也有很大的不同：丰富的联想、大量的引用、多处的类比和对比，既扩展了文章的取材范围，也使居里夫人在各种比较中更为丰满，更为美丽。朗诵时应热情赞美，大力颂扬。

长歌浩叹唱古今（节选）

胡占凡

披一路风尘，数千载风流，看青山依旧，唱大江东去。今天，在人类就要举步跨进21世纪门槛的时候，我们从历史的珍宝馆里满载而归，和大家共享这场精神的盛宴。

一个民族能够昂首屹立在人类文明之林，它的脚下必定有奔流不息、万世不竭的民族文化的滋养。这条文化长河，从远古奔向未来，从洪荒奔向文明，带着一路欢歌，也带着一路血泪，一路呐喊，留下了诸多硕果和丰碑，也记下了诸多辛酸和遗恨。

疏理这条河道，披沙捡金，我们拾到了光照古今的千古名篇。

它是艺术笔墨写就的史诗，前无古人，后无来者。既是民族智慧的结晶，又是历史长卷的浓缩。

它是价值连城的稀世珍宝，美不胜收，倾国倾城。它如同熠熠生辉、泛彩流光的颗颗钻石，镶嵌在时代的长廊。夸父的坚毅，洛神的婀娜，屈原的仰天长啸，李煜的愁肠寸断，关云长的横刀立马，贾宝玉的儿女情长，无不成为艺术美的化身，历万古而不朽。

历览千载辉煌地，长歌浩叹唱古今。捧起这些佳作，我们与圣贤相会；吟咏这些绝唱，我们与历史对话。传统在这里升华，文化在这里更生。

拾一块女娲补天遗落的彩石，举一盏冰心老人点燃的小橘灯，我们沿着历史长河的故道溯流而上，开始了寻觅千古名篇的文化散步。

【朗诵指要】

这是《中国千古名篇音乐朗诵会》的序言。当我们掬起一捧长江水，可曾想到过它的源头？当我们在中国文化长廊里流连信步的时候，却一定要到它的起点走走，那里是中国文学之母。在这片天荒地老的时空里，似乎一切都变得单纯而宁静：五色彩石环绕着女娲，夸父在烈日下奔走，精卫鸟在蓝天里歌唱；澄澈的青天绿水，无边的林莽沼泽，山也巍巍，水也悠悠。未经人工点染的大自然，启迪了万物之灵——人类的文学灵感，人又转而赋予大自然以灵性。于是，我们今天才听见了孔子的感慨、庄子的歌唱、屈原的长叹。朗诵时，心中要充满强烈的民族自豪感，似乎走到几千年前的那一边，去翻检历史的书简，体味其中的悠远与神秘。

唐诗里的中国

吴克欣

（男）也许，在我们每个人的心底，都藏着一个小小的唐朝，所以在今天，唐装才重回我们的衣柜，中国结又重系我们的裙衫，唐时的歌曲包上了摇滚的外壳，又一遍遍回响在我们耳畔……爱中国，可以有一千一万种理由，选一个最浪漫的理由来爱她吧——唐诗生于唐朝，唐朝生于中国，中国拥有世界上独一无二的唐诗！爱唐诗，更爱中国。

（女）站在世纪的长河上，你看那牧童的手指，始终不渝地遥指着一个永恒的诗歌盛世——那是歌舞升平的唐朝，是霓裳羽衣的唐朝。唐朝的诗书，精魂万卷，卷卷永恒；唐朝的诗句，字字珠玑，笔笔生花。无论是沙场壮士征夫一去不还的悲壮，还是深闺佳人思妇春花秋月的感慨，唐诗之美，或痛彻心扉，或曾经沧海，或振奋人心，或凄凉沧桑，都是绝伦美奂，久而弥笃。

（男）翻开《唐诗三百首》，读一首唐诗，便如拔出了一支锈迹斑驳的古剑。精光黯黯中，闪烁着一尊尊成败英雄不灭的精魂：死生契阔，气吞山河，金戈铁马梦一场，仰天长啸归去来……都在滚滚大浪中灰飞烟灭。多么豪迈的唐诗呵！读一首唐诗，宛如打开一枚古老的胭脂盒，氤氲香气中，升腾起一个个薄命佳人哀婉的叹息。思君君不知，一帘幽怨寒。美人卷帘，泪眼观花，多少个寂寞的春夜襟染红粉泪！多么凄美的唐诗呵！浅斟低吟，拭泪掩卷。

（女）寒山寺的钟声余音袅袅，舒展双翼穿越时空，飞越红尘，似雁鸣如笛音，声声谱回肠。世事更迭，岁月无常，更换了多少个朝代的天子！唐宗宋祖，折戟沉沙；三千粉黛，空余叹嗟。富贵名禄过眼云烟，君王霸业恒河沙数。唯有姑苏城外寒山寺的钟声，依然重复着永不改变的晨昏。唐朝的江枫渔火，就这样永久地徘徊在隔世的诗句里，敲打世人浅愁的无眠。

（男）唐朝的月明。不知谁在春江花月夜里，第一个望见了月亮，从此月的千里婵娟，夜夜照亮无寐人的寂寥。月是游子的故乡，床前的明月光永远是思乡的霜露；月是思妇的牵挂，在捣衣声声中，夜夜减清辉；月是孤独人的酒友，徘徊着与举杯者对影成三人。

唐朝的酒烈。引得诗人纷纷举杯消愁，千金换酒，但求一醉。三杯通大道，一斗合自然。人之一生，能向花间醉几回？临风把酒酹江，醉里挑灯看剑。醉卧中人间荣辱皆忘，世态炎凉尽空。今朝的酒正浓，且来烈酒一壶，放浪我豪情万丈。

（女）唐朝的离别苦。灞桥的水涓涓地流，流不断历历柳的影子。木兰轻舟，已理棹催发，离愁做成昨夜的一场秋雨，添得江水流不尽。折尽柳条留不住的，是伊人的脚步；挽断罗衣留不住的，还有岁月的裙袂。一曲离歌，两行泪水，君向潇湘我向秦。都说西出阳关无故人，何地再逢君哪？

（男）唐朝的诗人清高。一壶酒，一把剑，一轮残月。一路狂舞，一路豪饮。舞出一颗盛唐的剑胆，饮出一位诗坛的谪仙。醉卧长安，天子难寻，不是粉饰，不为虚名。喜笑悲歌气傲然，九万里风鹏正举。沧海一声笑，散发弄扁舟，踏遍故国河山，一生哪肯摧眉折腰！

（女）唐朝的红颜多薄命。在刀刃上广舒长袖轻歌曼舞，云鬓花颜，泪光潋滟。都羡一骑红尘妃子笑，谁怜马嵬坡下一抔黄土掩风流。情不可依，色不可恃。一世百媚千娇，不知谁舍谁收。长生殿里，悠悠生死别，此恨绵绵。

（男）卷古今消永昼，一窗昏晓送流年。三百篇诗句在千年的落花风里尘埃落定。沏一杯菊花茶，捧一卷《唐诗三百首》，听一听巴山夜雨的倾诉、子夜琵琶的宫商角羽，窗外有风透过湘帘，蓦然间忘了今夕何夕。

唐装在身，唐诗在手，祖国在心中。

【朗诵指要】

这段朗诵词内容丰富，格调高雅，意境深远，朗朗上口。朗诵时，要有一种历史回味感，同时要注意韵律和谐，节奏稍缓，情绪饱满。男女声配合要默契，令人回味无穷。

天安门颂

佚　名

在中国，没有别的地方能牵动着亿万人的心。

这里汇集了多少人的觉悟的瞩望，也把炎黄子孙的热血凝聚。

有多少人，把在这里的留影当作一生的珍藏。

也有多少孩子，第一次拿起笔，就把童稚的幻想和热情献给这里……

哦，天安门，这一切究竟意味着什么？

我们年轻的共和国诞生在这里，毛泽东那带着浓重湖南口音的声音，划开了古老民族的一个崭新的世纪。

我们共和国的每个早晨，也是从这里开始的。世界著名的天安门广场，以它无与伦比的博大胸怀，容纳着一部波澜壮阔的人民革命史。“五四”运动就是由这里发源的。为了争取自由与解放，中国人民所进行的艰苦卓绝的斗争，而今浓缩在广场中央威武的纪念碑里，无数烈士洒下的鲜血已催发出璀璨夺目的花朵，辉映在共和国的阳光下。

对世界来说，这里将是走进中国的真正大门，当世界各国的元首陆续来到这里的时候，我们的共和国坎坷的成长足迹，经历了几十年风风雨雨的洗礼。年轻的共和国终于迎来了它成熟的生命。

新的一天又来临了，当共和国焕发出蓬勃生命力的时候，我们说，古老天安门的青春，才刚刚开始。

【朗诵指要】

文章表达了作者对天安门的赞美、对伟大祖国的热爱。全篇作品的情感基调是赞美、歌颂。朗诵时要感情饱满，抑扬顿挫，虚实相间，变化有度。

春

朱自清

盼望着，盼望着，东风来了，春天的脚步近了。

一切都像刚睡醒的样子，欣欣然张开了眼。山朗润起来了，水涨起来了，太阳的脸红起来了。

小草偷偷地从土里钻出来，嫩嫩的，绿绿的。园子里，田野里，瞧去，一大片一大片满是的。坐着，躺着，打两个滚，踢几脚球，赛几趟跑，捉几回迷藏。风轻悄悄的，草软绵绵的。

桃树、杏树、梨树，你不让我，我不让你，都开满了花赶趟儿。红的像火，粉的像霞，白的像雪。花里带着甜味儿，闭了眼，树上仿佛已经满是桃儿、杏儿、梨儿。花下成千成百的蜜蜂嗡嗡地闹着，大小的蝴蝶飞来飞去。野花遍地是：杂样儿，有名字的，没名字的，散在草丛里像眼睛，像星星，还眨呀眨的。

“吹面不寒杨柳风”，不错的，像母亲的手抚摸着你。风里带来些新翻的泥土的气息，混着青草味，还有各种花的香，都在微微润湿的空气里酝酿。鸟儿将巢安在繁花嫩叶当中，高兴起来了，呼朋引伴地卖弄清脆的喉咙，唱出婉转的曲子，与轻风流水应和着。牛背上牧童的短笛，这时候也成天嘹亮地响着。

雨是最寻常的，一下就是三两天。可别恼，看，像牛毛，像花针，像细丝，密密地斜织着，人家屋顶上全笼着一层薄烟。树叶却绿得发亮，小草也青得逼你的眼。傍晚时候，上灯了，一点点黄晕的光，烘托出一片安静而和平的夜。在乡下，小路上，石桥边，有撑起伞慢慢走着的人；地里还有工作的农民，披着蓑，戴着笠。他们的房屋，稀稀疏疏的，在雨里静默着。

天上风筝渐渐多了，地上孩子也多了。城里乡下，家家户户，老老小小，他们也赶趟儿似的，一个个都出来了。舒活舒活筋骨，抖擞抖擞精神，各做各的一份事去。“一年之计在于春”，刚起头儿，有的是工夫，有的是希望。

春天像刚落地的娃娃，从头到脚都是新的，它生长着。

春天像小姑娘，花枝招展的，笑着，走着。

春天像健壮的青年，有铁一般的胳膊和腰脚，他领着我们上前去。

【朗诵指要】

文章结构严谨，是典型的“总—分—总”结构。首先写春天来到，万物苏醒，一派生机勃勃的景象，具有总起的作用。接着是分述部分，运用拟人手法描写了春草活泼调皮的样子；后来描写了春风中温柔的柳枝、混合的气息、鸟儿的歌喉、牧童的短笛；接着描绘了朦胧安详的如诗如画的春雨美景；再往后写了春天里，人们赶趟儿似的，一个个出来舒活舒活筋骨，抖擞抖擞精神。最后运用博喻的修辞手法，把春天比作刚落地的娃娃、小姑娘、健壮的青年，起着总结全文、寄寓主题的作用。文章意境非常优美，让人读来如同正在欣赏一首悦耳动听的歌曲、一幅富有意境的图画。朗诵时，既要静静地欣赏，又要体味春天雨景的无穷韵味，做到寓情于景，情景交融，把对春天真挚的赞美之情表达出来。

梦系浏阳河(节选)

谭仲池

弯弯曲曲,清清亮亮,细语轻歌,从雾的峡谷、绿的深涧、花的山崖,静静地、朗朗地流了出来。我摇动这支褐黄色的小桨,把自己和船一齐晃进了这缕美丽的梦。这是一缕何等美丽的梦啊！梦的绿,流淌在浏阳河。这绿是从山上流下来的,也是从岩石缝里挤出来的。因此,河水才绿得这般清亮,这般翠蓝。轻风掠过水面,扇动的是绿的波浪;船桨搅动浪花,腾起的是绿的歌唱。就这样,朝朝暮暮,你编织着绿色的岁月,用自己绿色的乳汁,去滋润绿色的河滩、田野、山峦。用绿色的相思,去浇灌绿色的理想、绿色的爱情……我生活的小桨,我理想的小船,我愿终身在浏阳河这条绿色走廊上奔波,去追那永远吸引我的梦。

【朗诵指要】

这是著名诗人谭仲池的代表作。作者以细腻的笔触、饱满的情感、音乐一般华美的语言,深情歌唱了如梦如幻的浏阳河。行文轻盈、流畅、柔美,给人带去诗意般的温馨。朗诵时,要注意情、声、气的结合,声发于情,情融于声,充分表达出对浏阳河的眷恋,对美好未来的憧憬。

天上的草原

阿　牧

在儿时依稀的记忆中,我是出生在飘着炊烟的白色毡房,茫茫的大草原啊,是我熟睡时的摇篮,是我嬉戏时的玩伴,也是我学习时的殿堂。养育我的这片土地,我把你当作自己的身躯一样爱惜,沐浴我的这江河水啊，你为何总像母亲的乳汁一样纯香？苍鹰在天穹中寻望，黑色的骏马肆意飞奔，平顶山下，成群的牛羊，还有你，我天上的草原，还有你那悠扬的牧歌夜夜伴我入梦乡。我喜欢纵马驰骋，放声歌唱，那就像是回到了传说中的时代，我向往着像我的祖辈那样成为一匹苍狼去周游世界，去看看祖父故事中那无边的海洋。

而现在，我是真的离开了你，来到这陌生的地方，不见了蒙古包，不见了牧场，只为心中一个小小的理想而不停地奔忙。其间有欢笑，也有泪水，曾经骄傲，也曾经气馁。但是，但是我从未曾后悔啊，因为当我拖着疲惫的身体入睡时，我发现你那悠扬的牧歌又在我的耳边回响；我发现我的那颗心啊，一直跳跃在绿宝石似的草原上。如水晶般清澈的河水啊，我真的发现，那歌声就像是号角，而那颗心，源源不断地给我力量与希望！

腾格里塔拉，我天上的草原，请你听我讲，我也是草原的儿子啊，我今天所做的一切，就是为了有朝一日能够重回你的身旁，替你抚去脸上的皱纹，替你驱赶那肆虐的风暴，让你昔日的笑容重新绽放！

等着我啊，我的草原，我的故乡，我的亲娘！

【朗诵指要】

作品感情充沛，情绪激越，表达了作者对家乡、对草原、对亲人的深深依恋和无限热爱。朗诵时，要调动情景再现，使自己仿佛置身于广阔无垠的大草原，纵马驰骋，放声歌唱，将情感尽情地抒发出来。

不朽的胡杨

佚　名

我曾钟情于黄山的松,也曾流连于长白山的白桦,可是,最让我刻骨铭心的却是那不朽的胡杨!

沙漠绵延,沙海茫茫,平填了万亩碧湖,千里青河;吞噬了无数铁血的男儿,断送了无数柔情的女子;城郭坍废,村庄消失,万劫不复中只有胡杨——神奇、傲岸地耸立在无边无际的沙海中。生者苍翠挺拔,春满生机,秋染斜阳;死者傲然挺立,不卑不亢,傲视风暴。任岁月沧桑,任大漠迷茫,它始终坚守着梦中的家园。

胡杨是沉默的,沉默是一种珍贵的不可多得的品质,沉默的胡杨是无语的宣言,挑战沙漠的宣言,它以一千年不死的绿意,死也一千年不倒的精神,倒也一千年不朽的骨骼,震慑着沙漠。沉默的勇士是不可摧毁的,我相信沉默的力量。沧海桑田,岁月作证,沙漠的死亡之神,永远也无法渗透胡杨的灵魂。在语言也无法触及的灵魂里,潜藏着怎样的智慧和力量?沉默的胡杨给予我无知的亢奋,也将我世俗的愚昧的欲望一点点湮没,它让我的灵魂得以提高和升华。

胡杨孤寂而神秘,它以一种绝美的姿态,在沙漠站立成一道绝世的风景。它让我心潮澎湃、心灵震撼。那是一种刺破心扉、深入骨髓的震撼。不倒的胡杨透露出坚韧和刚毅,让人崇敬和仰望,震慑着万物和生灵。纵横于死亡之海的人都会被它不屈的精神和顽强的生命力所折服,这种折服足以使他们以滴血的姿态与胡杨融为一体,真切地感悟生命的绝唱。

仰望死去的胡杨,就如同瞻仰一座英雄的丰碑,它让人热血沸腾,心灵颤动。我不是基督徒,但在胡杨不倒的躯体面前,我却要以一个基督徒的虔诚向它顶礼膜拜。人有一种死不叫死,而叫作万古,树有一种枯不叫枯,而叫作千秋。胡杨虽死,精神万古,胡杨虽枯,豪气千秋!

【朗诵指要】

胡杨是第三纪残余的古老树种，具有极强的生命力。胡杨生长期漫长，由于风沙和干旱的影响，很多胡杨树造型奇特、诡异，有“活三千年不死，死三千年不倒，倒三千年不朽”的说法。全世界的胡杨绝大部分生长在中国，而中国90%以上的胡杨又生长在新疆塔里木河流域。秋天是胡杨辉煌的季节，那金黄色的、金红色的、金棕色的、金紫色的胡杨与湛蓝湛蓝的天空竞相辉映，奏响了生命之魂的赞歌……朗诵时，应掌握这些背景资料，做到气势雄浑，大气磅礴，声随情动。

白杨礼赞(节选)

茅　盾

那是力争上游的一种树，笔直的干，笔直的枝。它的干呢，通常是丈把高，像是加以人工似的，一丈以内，绝无旁枝；它所有的丫枝呢，一律向上，而且紧紧靠拢，也像是加以人工似的，成为一束，绝无横斜逸出；它的宽大的叶子也是片片向上，几乎没有斜生的，更不用说倒垂了；它的皮，光滑而有银色的晕圈，微微泛出淡青色。这是虽在北方的风雪的压迫下却保持着倔强挺立的一种树！哪怕只是有碗来粗细罢，它却努力向上发展，高到丈许，两丈，参天耸立，不折不挠，对抗着西北风。

这就是白杨树，西北极普通的一种树，然而绝不是平凡的树！

它没有婆娑的姿态，没有屈曲盘旋的虬枝，也许你说它不美丽——如果美专指“婆娑”或“横斜逸出”之类而言，那么，白杨树算不得树中的好女子；但是它却是伟岸，正直，朴质，严肃，也不缺乏温和，更不用提它的坚强不屈与挺拔，它是树中的伟丈夫！当你在积雪初融的高原上走过，看见平坦的大地上傲然挺立这么一株或一排白杨树，难道你就只觉得这只是树，难道你就不想到它的朴质，严肃，坚强不屈，至少也象征了北方的农民？难道你竟一点儿也不联想到，在敌后的广大土地上，到处有坚强不屈，就像白杨树一样傲然挺立的守卫他们家乡的哨兵？难道你又不更远一点想到这样枝枝叶叶靠紧团结，力求上进的白杨树，宛然象征了今天在华北平原纵横决荡，用血写出新中国历史的那种精神和意志？

【朗诵指要】

文章写于1941年3月，那时，正处于抗日战争的相持阶段。茅盾在1938年底到新疆学院文学院讲学，1940年3月到延安鲁迅艺术学院讲学，后来离开延安到重庆。这期间，他看到了国民党反动派消极抗日、积极反共的种种事实，也欣喜地看到广大的北方军民在共产党领导下，同心同德，团结一致，进行了艰苦卓绝的斗争，一次次地粉碎了日寇的“扫荡”，巩固和发展了敌后的抗日根据地。作者从解放区人民身上看到了中华民族的前途和希望，精神振奋、满怀激情地写下这篇文章。朗诵时，要语气坚实豪迈、富有激情，热情歌颂共产党领导下的抗日军民和中华民族英勇不屈的豪迈精神。

国家荣誉感（节选）

冯骥才

一个大问题一直盘踞在我脑袋里：

世界杯怎么会有如此巨大的吸引力？除去足球本身的魅力之外，还有什么超乎其上而更伟大的东西？

近来观看世界杯，忽然从中得到了答案：是由于一种无上崇高的精神情感——国家荣誉感！

地球上的人都会有国家的概念，但未必时时都有国家的感情。

往往人到异国，思念家乡，心怀故国，这国家概念就变得有血有肉，爱国之情来得非常具体。而现代社会，科技昌达，信息快捷，事事上网，世界真是太小太小，国家的界限似乎也不那么清晰了。再说足球正在快速世界化，平日里各国球员频繁转会，往来随意，致使越来越多的国家联赛都具有国际的因素。球员们不论国籍，只效力于自己的俱乐部，他们比赛时的激情中完全没有爱国主义的因子。

然而，到了世界杯大赛，天下大变。各国球员都回国效力，穿上与光荣的国旗同样色彩的服装。在每一场比赛前，还高唱国歌以宣誓对自己祖国的挚爱与忠诚。一种血缘情感开始在全身的血管里燃烧起来，而且立刻热血沸腾。

在历史时代，国家间经常发生对抗，好男儿戎装卫国，国家的荣誉往往需要以自己的生命去换取。但在和平时代，唯有这种国家之间大规模对抗性的大赛，才可以唤起那种遥远而神圣的情感，那就是：为祖国而战！

【朗诵指要】

“世界杯”早已成为一种情感符号，深深扎根在人们的心里。我们欣赏每个球员在绿茵场上的酣畅淋漓，更敬仰球迷们为自己的队员呐喊时的激情舞动，也敬佩文章作者冯骥才先生的一语道破。朗诵时，语言应大气、质朴，洋溢着爱国主义情怀。

海　燕

高尔基

在苍茫的大海上，狂风卷集着乌云。在乌云和大海之间，海燕像黑色的闪电，在高傲地飞翔。

一会儿翅膀碰着波浪，一会儿箭一般地直冲向乌云，它叫喊着，——就在这鸟儿勇敢的叫喊声里，乌云听出了欢乐。

在这叫喊声里——充满着对暴风雨的渴望！在这叫喊声里，乌云听出了愤怒的力量、热情的火焰和胜利的信心。

海鸥在暴风雨来临之前呻吟着，——呻吟着，它们在大海上飞窜，想把自己对暴风雨的恐惧，掩藏到大海深处。

海鸭也在呻吟着，——它们这些海鸭啊，享受不了生活的战斗的欢乐：轰隆隆的雷声就把它们吓坏了。

蠢笨的企鹅，胆怯地把肥胖的身体躲藏到悬崖底下……只有那高傲的海燕，勇敢地，自由自在地，在泛起白沫的大海上飞翔！

乌云越来越暗，越来越低，向海面直压下来，而波浪一边歌唱，一边冲向高空，去迎接那雷声。

雷声轰响。波浪在愤怒的飞沫中呼叫，跟狂风争鸣。看吧，狂风紧紧抱起一层层巨浪，恶狠狠地把它们甩到悬崖上，把这些大块的翡翠摔成尘雾和碎末。

海燕叫喊着，飞翔着，像黑色的闪电，箭一般地穿过乌云，翅膀掠起波浪的飞沫。

看吧，它飞舞着，像个精灵，——高傲的、黑色的暴风雨的精灵，——它在大笑，它又在号叫……它笑那些乌云，它因为欢乐而号叫！

这个敏感的精灵，——它从雷声的震怒里，早就听出了困乏，它深信，乌云遮不住太阳，——是的，遮不住的！

狂风吼叫……雷声轰响……

一堆堆乌云，像青色的火焰，在无底的大海上燃烧。大海抓住闪电的箭光，把它们熄灭在自己的深渊里。这些闪电的影子，活像一条条火蛇，在大海里蜿蜒游动，一晃就消失了。

——暴风雨！暴风雨就要来啦！

这是勇敢的海燕，在怒吼的大海上，在闪电中间，高傲地飞翔；这是胜利的预言家在叫喊：

——让暴风雨来得更猛烈些吧！

【朗诵指要】

在作品中，高尔基以昂扬的浪漫主义激情、气势磅礴的艺术笔触，通过对大自然暴风雨即将来临时的客观景象的生动描绘，深刻反映了俄国1905年大革命前夜“山雨欲来风满楼”的形势，暗示了革命的暴风雨即将到来，沙皇专制统治必然崩溃，革命事业必然胜利。作品对不畏强暴、敢于斗争、敢于胜利的“海燕”——无产阶级先锋战士给予了最真挚、最热忱的赞颂。朗诵时要准确把握好海燕的形象，粗犷大气，气势磅礴，感情浓烈，情绪激越，要给人以强大的艺术感染力和震撼力。

花与树的完美

林清玄

我到一座花园去参观，看到园中的花正盛开，树都苍翠，忍不住赞叹地说：“这些花和树是多么的美呀。”

花园主人笑起来，说：“在这个世界上没有丑的树，也没有丑的花。不要说是这花园，即使是路边的花、树也都是很美的。”

花园主人的说法令我感到意外，确实，世上没有一棵树是丑的，也没有一朵花是丑的。我以前怎么没有发现呢？

相对于一棵树或一朵花，作为人的我们就显得有各种分别：是非、善恶、高低、美丑。高尚得像一棵树，完美得如一朵花的人，是多么少见呀！

我深信，花与树的完美，是来自于它们不会有丑陋低俗的意念。因此我深信，人如果也无丑陋低俗的想法，就会走向高尚与完美之路。

【朗诵指要】

“在这个世界上没有丑的树，也没有丑的花。”细细思量，这话极有道理。花美自不待言，单说那树：或娇嫩稚美，或伟岸壮美，或娉婷婀娜，或遒劲奇峭，即便是伤痕累累的古树，亦不乏沧桑、龙钟之美。花无丑花，树无丑树，那么人呢？为什么会有“是非、善恶、高低、美丑”之分呢？是不同的思想意念使然。朗诵时，要细心体会花与树的完美，源于“它们不会有丑陋低俗的意念”，“人如果也无丑陋低俗的想法，就会走向高尚与完美之路”。这是多么令人警醒的人生哲理啊！文章虽短，但清新的文笔、委婉的警语，一如“清水芙蓉”，临波照影，亭亭玉立。

雷电颂

郭沫若

风！你咆哮吧！咆哮吧！尽力地咆哮吧！在这暗无天日的时候，一切都睡着了，都沉在梦里，都死了的时候，正是应该你咆哮的时候，应该你尽力咆哮的时候！

尽管你是怎样地咆哮，你也不能把他们从梦中叫醒，不能把死了的吹活转来，不能吹掉这比铁还沉重的眼前的黑暗，但你至少可以吹走一些灰尘，吹走一些沙石，至少可以吹动一些花草树木。你可以使那洞庭湖，使那长江，使那东海，为你翻波涌浪，和你一同地大声咆哮呵！

啊，我思念那洞庭湖，我思念那长江，我思念那东海，那浩浩荡荡的无边无际的波澜呀！那浩浩荡荡的无边无际的伟大的力呀！那是自由，是跳舞，是音乐，是诗！啊，这宇宙中的伟大的诗！你们风，你们雷，你们电，你们在这黑暗中咆哮着的、闪耀着的一切的一切，你们都是诗，都是音乐，都是跳舞。你们宇宙中伟大的艺人们啊，尽量发挥你们的力量吧！发泄出无边无际的怒火，把这黑暗的宇宙，阴惨的宇宙，爆炸了吧！爆炸了吧！

雷，你那轰隆隆的，是你的车轮子滚动的声音。你把我带着，拖到洞庭湖的边上去，拖到长江的边上去，拖到东海的边上去呀！我要看那滚滚的波涛，我要听那鞺鞺鞳鞳的咆哮，我要漂流到那没有阴谋、没有污秽、没有自私自利的、没有人的小岛上去呀！我要和着你，和着你的声音，和着那茫茫的大海，一同跳进那没有边际的、没有限制的自由里去！

啊，电！你这宇宙中最犀利的剑呀！我的长剑是被人拔去了，但是你，你能拔去我有形的长剑，你不能拔去我无形的长剑哪！电，你这宇宙中的剑，也正是我心中的剑！你劈吧，劈吧，劈吧！把这比铁还坚固的黑暗，劈开，劈开，劈开！虽然你劈它，如同劈水一样，当你抽掉，它又合拢了来，但至少，你可以使那光明得到暂时间的一瞬的显现。哦，那多么灿烂的、多么炫目的光明啊！

光明啊，我景仰你，我景仰你！我要向你拜首，我要向你稽首。我知道，你的本身就是火。你，你这宇宙中的最伟大者呀！火！你在天边，你在眼前，你在我的四面，我知道，你就是宇宙的生命，你就是我的生命，你就是我呀！我这熊熊地燃烧着的生命，我这快要使我全身炸裂了的怒火，难道就不能迸射出光明了吗?!

炸裂呀，我的身体！炸裂呀，宇宙！让那赤条条的火滚动起来，像这风一样，像那海一样滚动起来！把这一切的有形，一切的污秽，都烧毁了吧，烧毁了吧！把这包含着一切罪恶的黑暗，烧毁了吧！

把你这东皇太一烧毁了吧，把你这云中君烧毁了吧！你们这些土偶木梗，你们高坐在神位上有什么德能？你们只是产生黑暗的父亲和母亲！

你，你东君，你是什么个东君？别人说你是太阳神，你，你坐在那马上丝毫也不能驰骋。你，你红着一个面孔，你也害羞吗？啊，你，你完全是一片假！你，你这土偶木梗，你这没心肝的、没灵魂的，我要把你烧毁，烧毁，烧毁你的一切！特别要烧毁你那匹马！你假如是有本领就下来走走吧！

什么个大司命，什么个少司命，你们的天大的本领，也就晓得播弄人。什么个湘君，什么个湘夫人，你们的天大的本领，也就只晓得痛哭几声。哭，哭有什么用？眼泪，眼泪有什么用？顶多让你们哭出几垄湘妃竹吧！但那湘妃竹，不是主人们用来打奴隶们的刑具吗？你们滚下船来，你们滚下云头来，我都要把你们烧毁，烧毁，烧毁！

哼，还有你这河伯……哦，你河伯！你，你是我最初的一个安慰者，我是看得很清楚的呀！当我被人们押着，押上了一个高坡，卫士们要息脚，我也就站立在高坡上，回头望着龙门。我是看得很清楚，很清楚的呀！我看见婵娟被人虐待，我看见你挺身而出，指天画地，有所争论。结果，你是被人押进了龙门，婵娟她，也被人押进了龙门。但是我，我没有眼泪。宇宙，宇宙也没有眼泪呀！眼泪有什么用啊？我们只有雷霆，只有闪电，只有风暴！我们没有拖泥带水的雨！这是我的意志，宇宙的意志！

鼓动吧，风！咆哮吧，雷！闪耀吧，电！把一切沉睡在黑暗怀里的东西，毁灭，毁灭，毁灭呀！

【朗诵指要】

五幕历史剧《屈原》是郭沫若历史剧的代表作。全剧截取了屈原生活中的横断面。在一天时间里，浓缩了屈原坚持联齐抗秦、反对绝齐降秦、与楚国宫廷内保守势力展开激烈斗争的历程，概括了屈原的精神品格。《雷电颂》是屈原在自尊的灵魂遭受最深凌辱、生命危在旦夕之际叩问天地、表达自身理想的宣言书，是屈原歌颂风雷电、怒斥神祇的内心独白。独白是人物直抒胸臆、直接流露内心深处最强烈思想感情的一种戏剧艺术表现方法。这一长篇抒情独白实际上是一首激情澎湃的诗，它气势雄伟，抒情意味浓厚，作者充分展开艺术联想，达到物我同化的境界；它如急风骤雨般直接有力地表达自己的爱憎情感，气势磅礴，酣畅淋漓，以求最有效地抓住观众，感染观众，获得一种现场感，达到最大的抒情效果。朗诵时要注意呼告、排比、反复、拟人等修辞方法的不同表达样式，将积聚在人物内心的情感激流直接喷泻出来，使观众与之产生强烈的共鸣。

母亲的姿势

吴志强

这是一个真实的故事。他们就住在一套用木板隔成的两层商铺里。母亲半夜起床上厕所，突然闻到一股浓浓的烟味，便意识到家里出事了。等丈夫从梦中惊醒，楼下已是一片火海，全家两个女儿、三个儿子以及两个雇工都被困在大火中。幸好阁楼上的天花板只有一层，砸开它，就可攀上后墙逃生。绝望之余，父亲带着两个雇工砸开天花板，并第一个抢先翻过墙头。父亲出去后却再也没有回来。高墙里面，大火离母亲和孩子越来越近了。五个孩子中，最高的也只有 1.54 米，而围墙竟有 2 米多高。可幸运的是，墙头上有一个雇工留了下来，他一手抓紧横梁，另一只手伸向墙内的母亲和五个孩子。“别怕，踩着妈妈的手，爬上去！”母亲蹲在地上，抓牢大儿子的脚，大儿子用力一蹬，抓住雇工的手攀上墙头翻身脱离了险境。用同样的方法，母亲把二儿子和小儿子一一举过了墙。

此刻，火势已经很猛，母亲奋力抓起二女儿。她的力气已用尽，浑身不停地颤抖。大女儿急中生智，协助妈妈把妹妹举过了墙。火海中只剩下母亲和大女儿。大女儿哭着让妈妈离开，但母亲坚决将女儿拉了过来，拼尽最后一口气，将大女儿托过墙头。当工人再次把手伸向母亲的时候，她连站立的力气也耗尽了，转眼间，大火便吞没了她。墙外五个孩子声泪俱下地捶打着墙，大喊着妈妈，而墙内的母亲却再也听不见了，永远地闭上了眼睛。

后来，人们进去寻找这位母亲，看到了极为悲壮的一幕：母亲在阁楼内的墙下，双手高高举起，保持着托举的姿势。

这个故事就发生在深圳，人们也将永远铭记这位英雄母亲的名字——卢映雪。

【朗诵指要】

故事中的母亲是一位伟大的母亲、崇高的母亲，她用“托举”的姿势挽救了五个孩子的生命却献出了自己的生命。这种无私的爱，这种毫不保留的爱，浸透灵魂，感人至深。朗诵时，要营造出木楼着火时的紧张气氛，制造悬念。母亲在危难关头救出孩子的那一幕，要充分调动情景再现，设身处地地体会当时的情境，“蹲、抓牢、蹬、抓住、攀、翻身、举”这些动词的表达都不能忽略。最后一段要饱含深情，语气沉痛、凝重。

母爱如佛

佚　名

今天我给大家讲一个故事，故事的名字叫——母爱如佛。

从前，有个年轻人与母亲相依为命，生活相当贫困。

后来年轻人由于苦恼而迷上了求仙拜佛。母亲见儿子整天念念叨叨、不事农活的痴迷样子，苦劝过几次，但年轻人对母亲的话不理不睬，甚至把母亲当成他成仙的障碍，有时还对母亲恶语相向。

有一天，这个年轻人听别人说远方有位得道的高僧，心里很是仰慕，便去向高僧讨教成佛之道。他历尽艰辛得到的指点是：悉心侍奉为你赤脚开门的人。

第一天，他投宿在一户农家，给他开门的男主人没有赤脚。

第二天，他投宿在一位富有人家，更没有人赤脚为他开门，他不免有些灰心。

第三天，第四天……他一直没有遇到高僧所说的赤脚开门人，当他彻底失望，连夜赶回家时，疲惫至极的他费力地敲响了家门，屋里传来苍老微弱的声音："谁呀？"他沮丧地答道："我，你儿子。"

很快地门开了，一脸憔悴的母亲大声叫着他的名字，把他拉进屋里，就着灯光，母亲流着泪端详他。

这时，他一低头，蓦然发现母亲竟赤脚站在冰凉的地上！

刹那间，灵光一闪，他想起高僧的话，他突然什么都明白了。

年轻人泪流满面，"扑通"一声跪倒在母亲面前。是啊！"不能事亲，焉能成佛？"母亲永远是我们可以停泊栖息的港湾，她的关爱与呵护会把我们渡上一条风雨无阻的人生之船，她的微笑，会如佛光一样为我们映出一片光明。

母亲就是那可以毫不犹豫赤脚为我们开门的人，她拥有可以宽恕我们的一切过失的博大胸怀。

我们苦苦寻找想要侍奉的佛，原来就是母亲。

【朗诵指要】

这个富有哲理的故事告诉我们，母亲是我们可以停泊栖息的港湾，像佛一样，慈爱无边，胸怀博大。朗诵时，要把握好第一人称的语气，既要突出前部分"年轻人"的"鲁莽"，又要表达出后部分"年轻人"的"内疚"。

没有上锁的门

刘海涛

在苏格兰的格拉斯哥，一个小女孩像今天许多年轻人一样，厌倦了枯燥的家庭生活，不愿受父母的管制。

她离开了家，决心要做世界名人。她每次满怀希望求职时，都被无情地拒绝了。她只能走上街头，开始出卖肉体。许多年过去了，她的父亲死了，母亲也老了，可她仍然在泥沼中醉生梦死。

其间，母女俩从没有联系。可当母亲听说女儿的下落后，就不辞辛苦地找遍全城的每个街区、每条街道。她每到一个收容所，都停下脚步，哀求道："请让我把这幅画贴在这儿，好吗？"画上是一位面带微笑、满头白发的母亲，下面有一行手写的字：我仍然爱你……快回家吧！

几个月过去了，没有什么变化。一天，女孩懒洋洋地晃进一家收容所，那儿正等着她的是一份免费晚餐。她排着队，心不在焉，双眼漫无目的地从告示栏里扫过。就在那一瞬，她看到了一张熟悉的面孔："那会是我母亲吗？"

她挤出人群，上前观看。不错！那就是她的母亲，纸上有一行字：我仍然爱你……快回家吧！

这时，天已黑了下来，但她不顾一切地向家奔去。当她赶到家的时候，已经是凌晨了。站在门口，任性的女儿迟疑了一下，该不该进去呢？终于，她抬手敲门。奇怪！门自己开了，怎么没锁门？不好，是不是有贼闯进来了？记挂着母亲的安危，她三步并作两步冲进卧室，却发现母亲正在安然地睡觉。她把母亲摇醒，喊道："妈妈，你的女儿回来了。"

母亲不敢相信自己的眼睛。娘俩紧紧地抱在一起。女儿问："妈妈，门怎么没有锁？我还以为贼进来了。"

母亲含泪说："自打你离家后，这扇门就再也没有上过锁。"

【朗诵指要】

这篇作品具有典型的教育意义。也许，生活中我们会和母亲产生矛盾，要么像文章中的女孩一样不服母亲的管教，要么因为某件事情不合自己的心愿而赌气离家出走，有的甚至发誓说："我永远不会回来了。"其实，说这话的人终究是要后悔的。家门会永远向自己的子女敞开，母亲会永远牵挂她的儿女。我们应由此反思自己在孝亲敬老方面做得怎么样，朗诵时应尽量以平和的语气去表达。

地震中的撑起

佚　名

1999年的一天，土耳其发生了一次大地震。

地震后，许多房子都倒塌了，各国来的救援人员不断搜寻着可能的生存者。

两天后，救援队员在废墟中看到了一个令人难以置信的画面——一位母亲，用手撑地，背上顶着沉重的石块。一看到救援人员，她便拼命哭喊："快点救我的女儿，我已经撑了两天，我快撑不下去了……"

七岁的小女儿，就躺在母亲用手撑起的安全空间里。

救援人员惊呆了，他们卖力地搬移周围的石块，希望尽快解救这对母女。但是石块那么多，那么重，他们始终得无法如愿。

这位辛苦的母亲仍在苦撑着、等待着……

更多的人纷纷放下手边的工作投入救援行动。从白天一直进行到深夜。终于，一名高大的救援人员够着了小女孩，将她拉了出来，但是……她已气绝多时。

母亲急切地问："我的女儿还活着吗？"

以为女儿还活着，是她苦撑两天唯一的理由和希望。

这名救援人员终于受不了了，他放声大哭："对，她还活着，我们现在要把她送到医院急救，然后也要把你送过去！"

他知道，如果母亲听到女儿已经死去，必定失去求生的意志，松手让土石压死自己，所以骗了她。

母亲疲惫地笑了，随后，她也被救出送到医院，她的双手一度僵直得无法弯曲。

第二天，土耳其很多报纸上都有一幅她用手撑地的照片，标题是：这就是母爱。

【朗诵指要】

母亲的挚爱感人肺腑，令人动容，催人泪下，使人振奋。朗诵时，注意把握好母亲的语言，"快点救我的女儿，我已经撑了两天，我快撑不下去了……"前一句是"拼命哭喊"，要注意声音的急切感和强度，后一句"我快撑不下去了……"要符合当时的特定环境和母亲的筋疲力尽，声音应虚弱、无力。文章最后的"这就是母爱"要感情充沛、语气坚实，推向高潮。

遇难者的第三个电话

阮红松

当恐怖分子的飞机撞向世贸大楼时，银行家爱德华被困在南楼的五十六层。他清醒地意识到自己已没有生还的可能。

爱德华迅速按下第一个电话。刚举起手机，楼顶突然坍塌，一块水泥重重地将他砸翻在地。他一阵眩晕，知道时间不多了，于是改变主意按下第二个电话。可还没等电话接通，他想起一件更为重要的事情，又拨通了第三个电话……

爱德华的遗体在废墟中被发现后，亲朋好友沉痛地赶到现场，其中有两个人收到过爱德华临终前的手机信号，可遗憾的是，两人都没有听到爱德华的声音。他们查了一下，发现爱德华遇难前曾拨出三个电话。

第三个电话是打给谁的？他在电话里说过什么？爱德华无儿无女，又在五年前结束了他失败的婚姻，如今只有一个瘫痪的老母亲，住在旧金山。

当晚，迈克律师赶到旧金山，见到了爱德华悲痛欲绝的母亲。律师流着泪说："请原谅，夫人，我想我有权知道电话的内容，这关系到您儿子庞大的遗产的归属权问题，他生前没有立下相关遗嘱。"可母亲摇摇头说："爱德华的遗言对你毫无用处，先生。我儿子临终前已不关心他留在人世的财富，只对我说了一句话……"

不久，美国一家报纸在醒目的位置刊登了"9·11"灾难中一名美国公民的生命留言：

妈妈，我爱你！

【朗诵指要】

爱，不是负担，而是一种无所求的付出。金钱有价，亲情无价。文章把一位美国孝子对母亲的爱描述得淋漓尽致。"爱德华迅速按下第一个电话。刚举起手机，楼顶突然坍塌，一块水泥重重地将他砸翻在地。"朗诵此处时要将楼顶坍塌的突然感、悬念感表达出来。"第三个电话是打给谁的？他在电话里说过什么？"朗诵此处时要注意语气的疑惑感。处理母亲的语言时应在平和、平淡中透着微微的伤感。最后一句"妈妈，我爱你！"是文章情感的高潮，应感情浓烈，饱含激情。

血色母爱

赵 伟

她们真的累了，饥饿和寒冷的痛苦紧紧纠缠着她们，把她们折磨得疲惫不堪。

在这样一个深可没膝的雪堆里艰难跋涉了四十多个小时的这对母女，后悔着当初本应该听从教练的警告：“不要擅自偏离插满小彩旗的滑雪道，不然就容易迷路”；她们还后悔，当初不应该穿这件银白色的羽绒服来滑雪，以至于在这个冰天雪地里，滑雪俱乐部派出的直升机都找不到跟白雪有着一样颜色的她们。

也许在这个时候，女儿才是最后悔的，若不是她平时总是闷闷不乐，作为清洁工的母亲也不会拿出自己几个月的微薄薪水，带她来阿尔卑斯山滑雪，逗她开心。可是母亲怎么也想不到，女儿平日里的不开心，是因为有一个卑微的做清洁工的母亲。

几天几夜，母女俩在这片苍白的雪山里艰难地寻找着生存的方向。她们发现好几架救援直升机从天空掠过，但无论她们如何向直升机示意，始终没有人能发现她们。走着走着，体力不支的母亲，一个踉跄，脑袋栽在了石头上，鲜血立即涌了出来。而此时女儿已经昏睡过去了。

这个时候，天空中再次飞来了一架直升机。霎时，母亲的脑海里闪过一个可怕的念头，她抓起身边的一块岩石碎片，放在自己的左手腕上，用力地割了下去！鲜红、滚烫的血液从母亲的左动脉滚滚流出，染红了她身旁冰白的雪地，接着，她支撑着她最后的一点儿力气，在血迹中爬了十几米的距离，为的是想让救援直升机能够发现她们的位置。最后，母亲那没有温度的身躯终于倒在了那片醒目的血泊中……女儿醒来的时候已经躺在了医院里，医生告诉了她所有的事实。在迟迟得不到救援的生死关头，母亲以一种感天动地的行为，用自己动脉里流淌的鲜血为女儿指引了生命的方向！女孩终于心痛地明白，自己原来一直都拥有一份人世间最珍贵的财富，那就是比血更浓的母爱！

【朗诵指要】

母爱像一股涓涓细流，虽然无声，却能够滋润干涸的心灵，虽然平凡，却孕育着惊人的伟大。不管儿女曾经犯过什么样的错误，母亲那宽广的胸怀总是可以包容一切。朗诵时，要把握“比血更浓的母爱”这一主题，把环境的恶劣、女儿的不谙世事、女儿的忏悔、母亲感天动地的壮举通过有声语言传递出来。

想起妈妈

刘　阳

在遥远归路的最尽头。在我们村子的最东头。在那栋四进房子的最里头。妈妈的哭泣，在午夜的时分，断断续续。

而我，如今是听不到了。

听不到妈妈的哭声，梦里依然有人，呜呜咽咽。

妈妈走过门前的水潭，唱着一支走了调的歌。

那支歌在风中愈飘愈远。

妈妈唤着一个很响亮的名字，走进关门的吱呀声中，那支歌走进记忆。妈妈的儿子走向远方，去寻找归路。

归路很长很长，没有尽头，望断了妈妈的眼睛。

有一件毛衣，我不敢穿。

有一个乳名，我不敢念。

有一双眼睛，我不敢对视。

走过了那么遥远的岁月，演出了那么繁复的往事，在人生的旅途中，没有谁比妈妈更崇高；在时空的隧道里，没有谁比妈妈更伟大！

满天的星星闪烁，洒下来总是那束温柔的眼神。满夜的暖风吹过，抚过来总是那双细腻的手。

不想妈妈的时候，妈妈离我好近好近。

想着妈妈的时候，妈妈隔我好远好远……

有一句话，在我的心中久久地激荡着，但我一直不敢对妈妈说。今天，我终于鼓起勇气，想说一声："妈妈，我爱你！"

【朗诵指要】

这篇文章文风清新，流露着一股感伤的微风，而爱却贯穿全文。朗诵时，以感慨的基调为基础，以内心独白的叙述方式进行表达，淡雅中流露真情。

爱，最大的力量

曾致　改编

2004年7月19日，如注的暴雨袭击着湖南省通道县骆团寨的侗族寨子。第二天上午，随着一声轰然巨响，吴家房子后山撕开了一道约八十米高、十五米宽的口子——山体滑坡了！巨大的泥石流，如一条恶龙汹涌而下，顷刻间便把准备撤离到安全地带的吴家十一口人全部吞噬了。灾难来得太突然，连呼喊声都没来得及叫出，十一条生命就被死神踩在了脚下。

人们纷纷赶到吴家，开始了一场与死神的较量，暴雨还在下个不停，山体还在不断滑坡，营救工作时时处在危险当中。但没有人退缩，营救队伍很快就扩充到三百多人。两个小时后，有三个人先后被救出来，但接下来被挖出来的是一具具已经失去呼吸、心脏停止跳动的尸体。人们的脸色都凝重起来，空气也变得异常压抑。人们知道，这么长时间的泥石流的掩埋，已经超越了人类生存的极限，已经不可能再有人生还了。

突然，一个弱小的声音从泥石流下面的废墟中传了出来："水……"这个弱小的声音令营救的群众兴奋地呼喊起来，"还有人活着！"当人们小心翼翼地扒开废墟后，被眼前的景象惊呆了：

已经遇难的奶奶吴丙桃弯着腰，用两条手臂把年仅两岁的小孙子吴明安紧紧地护在怀里，她已经僵硬的手臂与身体合成一个空间，把吴明安与外面的泥石流分隔开来。吴明安恬静地躺在由两只手臂撑起的世界里，躲过了这场劫难。

孩子被救出来了，现场却没有欢呼声，有的只是一片沉寂，每个人的脸上都涕泪横流……

这场山体滑坡灾难夺走了吴明安七位亲人的生命，但两岁的吴明安却在奶奶用生命撑起的"天空"下奇迹般地生还了。

这是爱的绝唱！

这是爱的颂歌！

这是爱的延续！

让我们记住这刻骨铭心的一刻，直到永远，永远！

【朗诵指要】

灾难无情人有情。面对突如其来的山体滑坡，年迈的奶奶用自己的生命为两岁的孙子撑起了安全的天空，谱写出一曲刻骨铭心的真情颂歌。朗诵时，要注意文章开头部分的紧张感；在营救人员奋力抢救时，要加快语速，突显他们救人心切的急迫感。对奶奶的遇难，要深表哀痛，语气低沉、凝重。最后部分的"爱的绝唱"、"爱的颂歌"、"爱的延续"几句应发自肺腑，直抒胸臆，达到情感的高潮，给人以感染力、震撼力。

悲壮的两小时

雷琼 译

1967年8月23日，苏联最著名的播音员在全国的电视直播中以沉重的语调宣布：联盟一号宇宙飞船由于无法排除故障，两小时后将坠毁，我们将目睹民族英雄科马洛夫遇难。

地面指挥中心把科马洛夫的亲人请到了指挥台。科马洛夫显得很激动，但他还是控制住了自己，先向首长报告了这次飞行探险情况。科马洛夫的生命在分分秒秒中消逝，但他却目光泰然，态度从容。汇报完后，国家领导人接过话筒说："你是苏联的英雄，人民的好儿子！"

科马洛夫眼含着泪说："谢谢！我是一名宇航员，为宇航事业献身是神圣的，我无怨无悔！"

领导人把话筒递给科马洛夫的妻子。科马洛夫给妻子送了一个深情的飞吻。他泪如雨下，欲言又止。

科马洛夫稳定了一下情绪，然后脱下宇航服，又拿出一支金笔对妻子说："这支金笔随我飞入太空，是我珍贵的东西，我用宇航服把它包好，待会儿的大爆炸，不会对它造成损伤的。请你把它转赠给你未来的丈夫，我会在天堂里祝你们幸福。"

科马洛夫的女儿接过话筒喊道："爸爸！我的好爸爸！"孩子泣不成声。看到十二岁的女儿，坚强的科马洛夫禁不住落泪了："好孩子，记住这一天，以后每年的这个日子，到坟前献一束花，给爸爸谈谈学习情况。好女儿，爸爸就要走了，告诉爸爸你长大了干什么？"

女儿答道："像爸爸一样，当宇航员！"

科马洛夫又一次落泪了，"你真好，可我要告诉你，也告诉全国的小朋友，请你们学习时，认真对待每一个小数点和每一个标点符号。联盟一号今天发生的一切，就因为地面检查时，忽略了一个小数点。这场悲剧，也可以叫作对一个小数点的疏忽。同学们，记住它吧!”

轰隆——

整个苏联一片寂静。人们纷纷走上街头,向着飞船坠毁的方向默默地哀悼……

【朗诵指要】

这篇文章写出了生离死别的爱,写出了刻骨铭心的情。民族英雄科马洛夫的遇难,牵动着苏联人民的心。国家领导人的感慨,科马洛夫的忠诚,女儿的表白,情真意切。这悲壮的两小时,留给我们无尽的缅怀和思念。朗诵时要注意把握深沉而凝重的基调。

打往天堂的电话

刘 鹰

我有一个小小的报刊亭,上午的生意总是比较清淡。那天,我正百无聊赖地翻看杂志打发时间,突然传来一个轻柔的声音:“叔叔,我想打电话。”我抬起头,是个瘦小的女孩,不高,十六七岁的样子。我指着电话说:“你打吧。”女孩望着我,似乎有些紧张,犹豫一下后,终于用颤抖的手拿起话筒。我一下就明白了,这个女孩可能是第一次打电话,担心自己闹笑话。我赶紧知趣地一转头,装着看报纸的样子,不再去留意她。女孩把号码按了一会儿,又手忙脚乱地放下电话,可又马上拿起电话,一副惊慌失措的样子……我觉得奇怪但自始至终没有去理会她,而是低着头看杂志。我想,我若抬头,一定会加重她的惊慌。好一会儿她终于说话了:“妈妈,妈妈,我跟玲子姐姐到深圳打工来了,我现在进了一家电子厂,工资好高,经常加班,加班费可多了,我这个月发了716块钱,我打算寄回给弟弟当学费,妈妈,我们工厂伙食可好了,每天都有肉吃,有时还有鸡呢。哦，对了，我给自己买了条裙子，红色的，很好看……”女孩说着说着，一会儿她开始哭着说：“妈妈，我很想你，我想回家看你，你知道吗？我做梦都想你，呜……”女孩说完，便放下话筒。待了好一阵儿，她才用红红的眼睛望着我说：“叔叔，请问多少钱？”看着她的模样，我心中一酸，犹豫了一下说：“小妹妹，别难过，其实你和妈妈再多说一会儿也无所谓……”“哦，不了，谢谢你，多少钱？”我往柜台下望去，天哪！电子显示器上根本没有收费显示，女孩的电话竟然没打通！我吃惊地抬起头来说：“对不起，重新打吧，刚才的电话好像没有打通……”女孩不好意思地擦擦眼睛说：“哦，不了，我们家乡没通电话。叔叔，其实我知道我刚才打的电话没通。我妈妈去世了，我是想，像别人一样，跟妈妈打电话说话，我真的好想我的妈妈。”说着她又哭了：“对不起，占用你的电话了，这五块钱给你，好吗？”“不，不，电话没通，我不收这笔钱，小妹妹，你以后想打电话，想和妈妈说话就来，好吗？”“好，好，谢谢你！叔叔。”说完女孩哭着消失在人流中。

【朗诵指要】

这篇文章写的是一个简单的故事，却像天使般的歌声一样在我们头上盘旋。朗诵的难点在于恰如其分地表达主人公小女孩的语言。话语中的伤感、思念、依恋、无奈错综交织，打动人心。朗诵时要仔细体味小女孩的心理活动和语气，在自然调域偏低的部分用声，流露出一份稚嫩、天真和无遮无拦的思念之情。

天亮了

佚　名

那是一个秋天的傍晚，一对年轻的夫妇带着他们的孩子去高山上坐缆车。谁知，半途中缆车突然出现了故障，所有的人都悬在了高空中。人们高声地呼喊着："救命啊，救命啊。"尽管如此，也抵挡不住厄运的来临。突然，缆车径直而下，伴随着人们的恐慌和尖叫，跌入了一个深不见底的山谷。就在这生命的最后时刻，那对夫妇什么都不想，他们只有一个念头：孩子不能死。他们用尽了全身的力气，用双手托起了孩子。"砰"的一声巨响震彻了整个山谷，缆车变成了一堆废铁，车上的其他人都死了，唯一活下来的就是那个孩子，是他的爸爸妈妈用双手和爱托起了他重生的起点。孩子哇哇地哭喊着，年幼的他不知道发生了什么，他只是朦胧地意识到：在那有美丽风景相伴的地方，那可怕的巨响，那黑暗的山谷，让他再也见不到爸爸妈妈了。幼小的他只想着：太阳快出来吧，天亮了，我要找我的爸爸妈妈！

【朗诵指要】

这是歌曲《天亮了》的背景故事。在爱的故事中，有的并不圆满，有伤痛，有曲折，也有突如其来的变故，但悲剧的收场往往另有一番动人之处，它让我们更能体会幸福的来之不易。文章的前半部分要突出悬念，"突然"出现了故障，所有的人都"悬"在了高空中，要作重音处理。后半部分"是他的爸爸妈妈用双手和爱托起了他重生的起点"中"双手和爱"要加重语气，字字用力，饱含深情。最后部分的"太阳快出来吧，天亮了，我要找我的爸爸妈妈！"可以采用哭泣的特殊处理方式，撕心裂肺，感染听众。

容　纳

陈进光　译

人们讲述了越战中一个士兵的故事——

他打完仗后回国，从旧金山给父母打了一个电话："妈妈，爸爸，我要回家了！但是我想求你们帮一个忙，我要带一位朋友一起回来。"

"当然可以，"父母回答道，"我们见到他会高兴的。"

"有些事必须告诉你们，"儿子继续说，"他在战斗中受了重伤。他踩着一个地雷，失去了一只胳膊和一条腿。他无处可去，我希望他能来我们家和我们一起生活。"

"我很遗憾听到这件事，孩子。也许我们可以帮他另找一个地方住下。"

"不，我希望他能和我们住在一起。"

"孩子，"母亲说，"你不知道你在说些什么。这样一个残疾人将会给我们带来沉重的负担。我们有自己的生活，我们不能让这种事干扰我们的生活。我想你还是赶快回家来，把这个人忘掉，他自己会找到活路的。"

就在这个时候，儿子挂上了电话。

父母再也没有得到他们的孩子更多的消息。几天过后，他们接到旧金山警察局打来的电话。他们被告知，他们的儿子从高楼上坠地身亡。警察局认为是自杀。悲痛欲绝的父母前往旧金山，并被带往市里的陈尸所辨认他们儿子的尸体。他们认出了他。然而他们惊愕地发现，他们的儿子只有一只胳膊和一条腿。

【朗诵指要】

这个故事告诉我们，如果士兵的父母以一颗包容的心，同意儿子的“朋友”和自己一起生活，那么，悲剧就不会发生。我们每一个人都应怀着一颗包容的心，去宽容别人、帮助别人。朗诵时，应基调悲怆，语气凝重。

红舞鞋的故事

佚　名

这是一个流传甚广的故事。

有一双非常漂亮、非常吸引人的红舞鞋，女孩子把它穿在脚上，跳起舞来会感到更加轻盈，富有活力。因此，姑娘们见了这双红舞鞋，眼睛都发亮，兴奋得喘不过气来，谁都想穿上这双红舞鞋翩翩起舞。可是姑娘们都只是想想而已，没谁敢真的把它穿在脚上去跳舞。因为这双红舞鞋传说还是一双具有魔力的鞋，一旦穿上，跳舞者就会永无休止地跳下去，直到耗尽全部精力为止。

但是，有一个擅舞的、年轻可爱的姑娘实在抵挡不住这双红舞鞋的诱惑，不听家人的劝告，悄悄地穿起这双鞋跳起舞来。果然，她的舞姿更加轻盈，她的激情更加奔放，姑娘感到有舞之不尽的热情与动力。她穿着红舞鞋跳过街头巷尾、跳过田野乡村，她跳得青春美丽焕发，真是人见人爱，人见人羡。姑娘自己也感到极大的满足和幸福，她不知疲倦地舞了又舞。

夜幕在不知不觉之中降临了，观看姑娘跳舞的人们也都回家休息了。姑娘也开始感到了倦意，她想停止跳舞，可是，她无法停下脚步，因为红舞鞋还要跳下去。狂风暴雨袭来，姑娘想停下来去躲风避雨，可是脚上的红舞鞋仍然在快速地带着她旋转，姑娘只得勉强在风雨中跳下去。姑娘跳到了陌生的森林，她害怕起来，想回温暖的家，可是红舞鞋还在不知疲倦地带着她往前跳。姑娘只得在黑暗中一面哭一面继续跳下去。最后，当太阳升起来的时候，人们发现姑娘安静地躺在一片青青的草地上，她的脚又红又肿，姑娘累死了，她的旁边散落着那双永不知疲倦的红舞鞋。

【朗诵指要】

谁读了这篇文章，心里都会很难受，都会同情这位可爱的小姑娘。在人生的道路上，像红舞鞋这样的诱惑是随处可见的。面对它，而又能够做到心不为所乱，行不为所动，实在不是易事。朗诵时，要摆正自己的心态，边想边读，给人以思考和启迪。

昨天已经过去

佚　名

安格斯读小学的时候，最疼爱他的外祖母去世了。安格斯无法排除自己的忧伤，每天在学校操场上一圈又一圈地跑，跑得累倒在地上，扑在草坪上痛哭。

那哀痛的日子，断断续续地持续了很久，爸爸妈妈也不知道如何安慰他，他们知道与其骗儿子说外祖母睡着了，还不如说实话：外祖母永远不会回来了。

安格斯问道："什么是永远不会回来呢？"

爸爸说："过去了的事物，就永远不会回来，人的昨天已过去，它就永远变成昨天，你不能再回到昨天。爸爸以前也和你一样小，现在再也不能回到你这样小的童年了；有一天你会长大，你会像外祖母一样老。"

从此以后，安格斯每天放学回家，在家里的庭院里面看着太阳一寸一寸地沉到地平线以下，就知道一天真的过完了，虽然明天还会有新的太阳，但永远不会有今天的太阳了。

时间过得飞快。有一天，他放学回家，看到太阳快落山了，就决定说："我要比太阳更快地回家。"他狂奔回去，站在庭院前喘气的时候，看到太阳还露着半边脸，就高兴地跳跃起来，那一天他觉得自己跑赢了太阳。以后他就时常做那样的游戏，有时和太阳赛跑，有时和西北风比快，有时一个暑假才能完成的作业，他十天就做完了。那时他三年级，常常把五年级的作业拿来做。

每一次比赛胜过时间，安格斯就快乐得不知道怎么形容。

后来的岁月里，他因此受益无穷，虽然他知道人永远跑不过时间，但人可以比自己的过去跑得快几步。那几步很小很小，用途却很大很大。

【朗诵指要】

这篇文章告诉我们，学习与时间赛跑，功课就会提前完成；劳动与时间赛跑，工作就会提前结束；创业与时间赛跑，人生就会创造出更大的价值。朗诵时要注意区分安格斯和爸爸的语言，力求让表达富有浓郁的生活气息。

可怕的实验

寻　觅

第二次世界大战期间，德国的纳粹分子曾进行了一次触目惊心的心理实验，他们声称要以一种特殊的方式处死人，这种方式就是抽干人身上的血液。

实验那天，他们从集中营挑选出两个人，一个是牧师，另一个是普通人。纳粹士兵将两个人分别绑在床上，用黑布蒙住双眼，然后将针插进他们的手臂，并不时地告诉他们，现在，他已经被抽了多少升血了，他的血将在多少时间内被抽干！

其实，纳粹士兵并没有真的抽干他们的血，只是在他们的手臂上插进了一支空针头。结果，普通人的面部不断抽搐，脸色变得惨白，渐渐地在惊恐万状中死去了。显然，这位普通人内心充满了恐惧，恐惧的心理使他心力衰竭，导致了死亡。而那位牧师却始终神情安详，死神没有夺取他的生命。

事后，人们问他当时想些什么，他说："我的内心很平静，我不害怕，我问心无愧，即使死了，我的灵魂也会进入天堂！"

【朗诵指要】

心理学家认为，人的心灵会接受不管多么荒谬的暗示，一旦接受了它，心灵就会对它做出反应。这篇文章告诉我们，人的理智接受事实，而心灵接受暗示。如果给心灵以积极的暗示，心灵就会呈现出积极的状态；如果给心灵以消极的暗示，心灵就会呈现出消极的状态。由此可见，心态好，就可以选择生，而心态不好，就只能选择死。朗诵时，应抓住这一哲理性的主旨，叙述时要根据情节和细节的变化，做到有张有弛。

大山中的老师（节选）

佚　名

老师在火场中狂奔着往返，她把十几个孩子一个一个地抱离了火场。那时的我，除了恐惧就是哭泣，当屋里就剩下我和另外一位小女孩的时候，我的哭声甚至比凶猛的火势还要嚣张。也许，就是这嚣张的哭声，让我占据了最后一个生的机会。

我到现在都还记得，老师一把把我抱起来的时候对我说："孩子，别哭，老师不会丢下你的。”

当老师最后一次冲进着火的茅草屋，大火呼啸着吞没了我们的学校，吞没了老师的背影，吞没了火海中最后一声哭泣。

茅草屋轰然倒塌了！我和所有活下来的孩子都惊呆了。

那个时候的我们，还不能理解生和死的距离，但是，我们都清楚地记得，那个和我在火海中手拉着手，那个我们班上最小的女同学，那个和老师同时葬身火海的小女孩，是老师唯一的女儿！

二十年过去了，每逢到了清明时节，我和当年的许多同学，都会在老师和她女儿坟前，放下一束束的山花，我会对老师说：“对于过去，我永远都没有机会说抱歉或者感激了，但是，老师，我向您发誓：无论多么苦、多么难，我都不会离开这座大山、这所学校和这群孩子。”

【朗诵指要】

这是一个催人泪下的悲情故事。惊动天地，感人至深。大山中这位伟大的老师，用自己无私的爱、用自己和女儿宝贵的生命换来了十一个学生的平安，她的生命的价值得到了延伸。朗诵时，要把握好第一人称的语言特点，感情充沛，给人以强烈的震撼与感染。

我做得到

张笑　译

下面我讲述的是一个五岁小男孩儿洛克的故事。

一天，洛克和母亲开着小货车行经阿拉巴马的乡间小道上，由于路况原因，车子冲出了路面，掉到了二十英尺下的峡谷中。母亲凯丽满脸是血，不辨东西，牙龈残破，脸颊损毁，肩膀也被压碎，整个人被支离破碎的车门压得动弹不得。

洛克则奇迹般地毫发未伤，洛克从车窗爬出了小货车，试图将母亲拉出车子，但凯丽一动也不动，洛克急得大喊："妈妈，洛克会带你出去，你要支持住，千万别睡着啊！"

洛克又钻进了小货车，并将母亲推出了车子的残骸。接着又用瘦小的身子将比自己重两倍半的母亲一寸一寸往上推，准备爬到马路上求救，就这样一点点犹如蜗牛爬行。凯丽感到如此疼痛，几乎要放弃希望，但洛克始终鼓励着她。

为了鼓励凯丽，洛克告诉妈妈想想《小火车》的童话故事，故事中的小火车虽然只有小小引擎却能爬上陡峭的山头，洛克不断重复着故事中提到的："我相信你能做到，我相信你能……"

仿佛过了一个世纪，他们终于爬到路边，洛克才借着光亮看清母亲受重创的脸，他开始泪流满面，挥舞着双手，对着驶过的货车呼喊："停下来，请停下来！请带我妈妈到医院去！"

总共花了八个小时，缝了344针来整合凯丽的脸，虽然看起来和以往不大相同，但妈妈还是痊愈了。洛克成了新闻人物，但他自己却说："这一切都在意料之外，我只是做了该做的事，任何人在当时都会那样做的。"

【朗诵指要】

亨利·福特说过，觉得自己能做到或不能做到，其实只在一念之间。这个故事向我们讲述了一个五岁小男孩的感人举动，哲理深刻，意义深远。文章虽然短小，但小主人公的形象却跃然纸上。朗诵时要注意语言的"故事化"，要注意语气生动、灵活，富于变化。

绝对的奉献

吕东　译

琳达完全献出了她自己。琳达是个杰出的教师，但她感觉，如果她有时间的话，她宁愿去创造伟大的艺术和诗篇。在她二十八岁那年，医生发现她长了一个巨大的脑瘤，手术后存活的机会只有2%。所以，没有立刻帮她开刀，先等六个月再说。她相当有艺术天赋，所以在这六个月中她狂热地画、狂热地写。她所有的诗篇都在杂志上刊登了出来。她的画作也都被放在一流的艺廊中展售。

在六个月结束时，她动了手术。手术前一夜，她决定完全捐献自己。她签了"我愿意"的声明，如果死了，她就捐出她身体的每一个部分给需要它们的人。

不幸的是，琳达的手术夺走了她的生命。结果，她的眼睛被送到眼角膜银行给南加州的一个领受者。一个二十八岁的年轻人，从黑暗中见到了光明。这个年轻人决定去感谢捐献者的父母。他想孩子愿意捐出眼睛，他的父母一定是好人。有人把琳达家的住址告诉他，他前去拜访了她的父母。

当他环视琳达的房间时，他看见她读过了柏拉图，他曾用盲人点字法读过柏拉图；她读了黑格尔，他也用盲人点字法读过黑格尔。

第二天早上，琳达的母亲看着他说："你知道吗？我很确定我曾在哪儿看到过你，但不知道是在哪里。"忽然她记起来了。她跑上楼，拿出琳达最后画的那幅画，它是她的理想男人画像。

画中人和接受琳达眼睛的男人十分相似。

然后，她的母亲念了琳达在她临终的床上写的最后一首诗。她写道：

两颗心在黑暗中行过
坠入爱中
永远无法获得彼此的目光眷顾。

【朗诵指要】

爱是无声的语言，爱是无私的奉献。文章虽短，却让我们感悟到了人间真情、人间真爱。琳达用自己的眼角膜，奉献出了自己的真情，谱写了一首动人的赞歌。朗诵时要认真体会作品，感情投入。

最后的心愿

闻　君

二十六岁的母亲凝视着她那患白血病而生命垂危的儿子，内心充满了悲伤，她希望儿子能长大成人，能实现所有的梦想。如今这一切都不可能了。

她握着儿子的手问道："巴柏西，你对自己的一生，有什么梦想吗?"

儿子说："我一直希望长大后能成为消防队员。"

母亲强忍悲伤，找到了消防队员鲍伯。这位母亲向他解释儿子临终的心愿，并问是否能让巴柏西坐上消防车在街角转几圈。

鲍伯说："他可以到消防队来，和我们一起吃饭，一起出勤。我们还可以帮他定做一套真正的消防制服，附加一顶真的防火帽。"

三天后，消防队员鲍伯带着巴柏西，帮他穿上消防制服，护送他从医院的病床到消防车上，引领他来到消防队。

当天凤凰城有三起火警，巴柏西每次都跟着出了勤。

由于美梦成真，巴柏西深深感动，他比医生所预期的多活了三个月。

一天晚上，他所有的生命指征开始急剧下降，护士长急忙打电话通知家属到医院。她想起巴柏西曾担任过消防队员，因此她也打电话给消防队长，问他是否能派一位穿制服的消防队员到医院来，在巴柏西临终前陪伴他。队长回答道："我们可以做得更好。五分钟之内就到。当你听见警笛响、看到警灯闪时，请通知医院，这不是真正的火警，这只是消防队来见他们好伙伴的最后一面。请你打开他房间的窗户，谢谢。"

大约五分钟后，一辆消防车到达医院，把云梯延伸到巴柏西三楼窗前，有十四位男消防队员、两位女消防队员爬上云梯，进入巴柏西的房间。经过他母亲同意，他们拥抱他，握他的手，说他们爱他。

巴柏西咽下最后一口气前，看着消防队长说："队长，我现在能算是真正的消防队员吗？"

队长说："算！"

巴柏西微笑着闭上了眼睛。

【朗诵指要】

善意的谎言让巴柏西微笑着闭上了眼睛，微笑着离开了这个美好的世界。用心良苦的母亲，为了让儿子实现心中的梦想，编织出了一段令人感怀的故事并付诸实施。这更让我们体会到了母爱的光辉与伟大。朗诵时，要把握好母亲、儿子、鲍伯和队长等不同人物的语言。结尾部分应收声落调，采用轻、低、缓的语气和节奏结束此文。

兄弟，我们不哭

邓康延

第二次世界大战的一次战役中，盟军的一队伞兵因飞机偏航而误投绝境。他们被捕了。

在德兵的刺刀下，俘虏们做着苦役，身形憔悴，支撑他们的是盟军一定会打过来的信念。

枪炮声一天天近了，德军脸上的乌云也越来越重了。一天黄昏，一阵急促的号子把俘虏们赶成一长排，周边是荷枪实弹的德国士兵，伞兵们一下子就明白了将要发生的事情。

一位年轻伞兵的手剧烈颤抖着。他想起了爸爸妈妈，还有可爱的未婚妻。他的眼睛湿润了。一位老兵紧紧抓住他的手："兄弟，我们不哭！"

一瞬间，所有的伞兵一个接一个地把手拉在了一起。

天地无声，枪炮声突然响了。万分巧合的是，盟军在这一刻发动了进攻，正义的枪弹压过了屠杀的子弹，一些伞兵幸免于难，其中就有那位年轻的伞兵。后来，他随大军攻克了柏林，当他凝望着纳粹"卐"字旗降下时，他想起了那位拉他手的已经牺牲了的兄长。他噙着泪喃喃自语："兄弟，我们不哭！"

反法西斯战争胜利已经很多年了，那种闪耀着人类光辉的精神，依然撼人心魄。

我们时常在攀高的路上摔倒，甚至从半山腰上滚下去，但我们不哭，因为山还在，我们的青春和激情还在。

【朗诵指要】

反法西斯战争胜利已经很多年了，但那种闪耀着人类光辉的精神，依然撼人心魄。朗诵时，要注意体会年轻伞兵的心理活动；对老兵的嘱托"兄弟，我们不哭！"要语气坚定、充满力量和胜利的信心；文章的最后部分有很深的哲理意义，它告诉我们，虽然"我们时常在攀高的路上摔倒，甚至从半山腰上滚下去，但我们不哭，因为山还在，我们的青春和激情还在。"这里的表达要坚定有力，字字铿锵。

斯巴达克的最后决战

杨越超 译

……在布林迪西港附近，最后的决战就要开始。战友们把黑色的战马牵到斯巴达克的身边，他在沉思中缓缓举起手，轻轻地抚摸着马头，像有千言万语要对这匹跟随他南征北战、出生入死的战马诉说。然而，他什么也没说，只是默默地将自己的头靠近战马的眼睛，依偎在战马的嘴边。

突然，斯巴达克怒目炯炯，一跃上马，拔出利剑，果断地对战马大声说："如果我胜利了，我可以从克拉苏那里夺取更多的战马；要是我牺牲了，我也决不让你成为俘虏！"

说着，斯巴达克一剑向战马的尾部猛刺下去，战马在狂暴的嘶鸣中双蹄腾空跳起，接着向前直冲而去。斯巴达克挥舞着利剑，呼唤着战友们："冲啊，杀死克拉苏！"

在激烈的战斗中，斯巴达克始终身先士卒，一往无前，他跃马横剑，来回冲杀，接连砍杀两个敌军军官，可是，他瞪大布满血丝的双眼，就是没找到大刽子手克拉苏……

突然，斯巴达克的腿部被冲过来的敌人的长矛刺中，鲜血直流。他从马背上重重地跌落了下来。但他艰难地站立了起来，弯曲着一条血肉模糊的腿，手握盾牌，踉踉跄跄地继续浴血奋战。他左冲右突，直到壮烈牺牲。

【朗诵指要】

这篇文章忧伤中带着沉重。激烈的战斗，英勇的壮举，斯巴达克始终身先士卒，一往无前。这可歌可泣的故事告诉我们什么是英雄。朗诵时要注意对故事情节的把握，做到疾缓相间，富于变化。

哈姆雷特

凯霞　改编

当人们犹豫不决时，总会说起那句著名的——“生存还是毁灭，这是一个问题。”这句话出自英国戏剧大师莎士比亚的巅峰之作——《哈姆雷特》。

丹麦王子哈姆雷特的父亲突然逝世，叔父克劳狄斯登上王位，母亲也改嫁新王。哈姆雷特满心疑虑，郁郁寡欢。

老国王的鬼魂出现了。鬼魂告诉哈姆雷特，正是歹毒的克劳狄斯谋杀了自己。他要求哈姆雷特为他复仇。宫廷的丑恶阴谋令哈姆雷特无比痛苦。他假装疯癫，利用戏班子排演叔父谋杀先王的场面。新王心中有鬼，不等演出完毕就匆匆离场。

当晚，哈姆雷特来到母亲的寝宫，指责母亲薄情寡义。突然，他发现帘后有人偷听，便一剑刺去。不料，那人竟是他的恋人奥菲利亚的父亲。

爱人杀死了父亲！这个重大的打击让奥菲利亚精神失常，最终落河而死。

哈姆雷特悲痛万分，可一切都无法挽回了。在克劳狄斯的煽动下，奥菲利亚的哥哥雷欧提斯决定同哈姆雷特决斗。克劳狄斯给了雷欧提斯一把毒剑，还准备了一杯毒酒，这样，不论哈姆雷特决斗输赢都会死去。可谁想，这杯毒酒却意外地毒死了王后。

而这时，哈姆雷特和雷欧提斯都被毒剑所伤，命不久矣。良心发现的雷欧提斯揭发了新王的阴谋。愤怒的哈姆雷特手握毒剑冲向克劳狄斯，终于和篡位者同归于尽。

《哈姆雷特》取材于12世纪一个真实的故事，这并非第一个关于哈姆雷特的戏剧。早在16世纪80年代，托马斯·基德创作的同名戏剧就闻名全英国，但现在早已失传。只剩下悲伤的王子徘徊着低吟：“生存还是毁灭，这是一个问题。”

【朗诵指要】

这是一篇介绍名著《哈姆雷特》的文章。语言简练，主题集中。朗诵时应注意层次分明，语义清晰，富有讲解感。

勤写感谢信

凯霞　改编

有品格的交际，可以说首先是从写感谢信开始的。可让人难为情的是，我们周围的人都不怎么写感谢信。现在想起来，真是让人觉得惭愧。

我曾经心血来潮，组织过一次聚会，因为邀请的人比较多，前期准备花了我很长的时间和心血，其中也有一些国外的朋友。让人欣慰的是，聚会完美地结束了。可出乎我意料的是，在那之后的一个星期天，我收到了一封来自意大利的一位朋友寄来的感谢信："承蒙您邀请，我得以加入嘉宾之中。感谢您的美餐，我和大家进行了愉快的交谈，好客的主人让我度过了难忘的美好时光，非常感谢。"作为招待方，自己知道客人过得愉快，还被对方以如此尊重的方式表达了谢意，那种心情是最为高兴的了。

有了这样的一次经历之后，我也尽量留意写感谢信了。如今虽然有电话，电子邮件也非常方便和普及，而特意在信封上写上地址、姓名，贴上邮票，寄出感谢信，让人似乎觉得太过悠闲或者太过于郑重，但是这样做，真的能给人带来惊喜，也显得很有礼数。如果您不擅长文字，那么像美国人那样使用感恩卡也不失为一个好办法。在精致的卡片上添一句话、署上名，就可以了。不在乎如何琢磨词句，关键是要拿起笔，要"写"。

礼貌地表达谢意，不仅是你的品格的展现，也让你的名字和善意深深地留在了对方心里。

【朗诵指要】

这是一篇富有哲理的短文。它告诉我们一个简单的道理："礼貌地表达谢意，不仅是你的品格的展现，也让你的名字和善意深深地留在对方心里。"表达时，应采用朗读的语气，说事明理。

幸福并不一定要志同道合

佚　名

珍妮和丈夫刚结婚，婚后发生的第一次冲突是因为食物。珍妮的新婚丈夫喜欢中国菜，不愿意吃俄罗斯风味的饭菜。他还喜欢背着包徒步旅行，而珍妮更愿意享受新家中的舒适。丈夫想去观察野鸟的生活习性，但珍妮根本不明白野鸟有什么好看的。

除了爱好，这对新婚夫妻在交流中，也遇到了问题。珍妮总是直率地要求得到帮助。比如，"哎，把那东西给我拿过来！"而丈夫却觉得那是在"命令他干这干那"。在丈夫看来，珍妮应该说"亲爱的，你愿意帮我把那东西拿过来吗？"简而言之，他们非常非常的不同，如果他们的婚姻要继续下去的话，某些现状必须要改变。

于是，两个人开始编制一个他们都喜欢的菜单，寻找两个人的共同点。珍妮开始从图书馆了解观察野鸟生活和有关梦想的书。

几个月以后，珍妮和丈夫来到野外露营，观察野鸟。那天的深夜，看着安宁入睡的丈夫，珍妮穿上夹克，离开帐篷。夜色依然漆黑，远处动物的嚎叫更增加了神秘气氛。没有月亮，但无数星星在湖边野营地的上空发出微弱的光，对面是朦胧山脉的黑色轮廓，万籁俱寂，珍妮心醉于夜色的美丽，迷失在无垠的宁静之中。

"夜色美得难以置信，对吧？"突然，珍妮的丈夫出现在她身后，他温柔地伸出双臂，抱住珍妮，在温暖的怀抱中，珍妮找到了一种安全感。“亲爱的，我真是从来没有看到过如此多的星星！”珍妮说。丈夫回答道：“我很喜欢你看星星啊，很高兴我们能够在一起，在这儿。”

一晃几年过去了。珍妮和丈夫仍然存在着差异。但是，他们已经能够一起去种树，去看鸟。而珍妮也知道了许多在他们后院中的鸟儿的名字。如果你要问珍妮对托尔斯泰那著名的“幸福的家庭都是相似的……”论断有什么评价时，哦，她会回答你，她甚至还不知道这句至理名言呢，但是她会告诉你，她确实觉得，幸福并不是两个人一定要志同道合。

【朗诵指要】

这篇文章充满了哲理。它通过讲述珍妮和丈夫的生活故事，告诉我们一个简单的道理：“幸福并不是两个人一定要志同道合”。朗诵时应采用平和舒缓的语调，娓娓道来。对人物语言进行转述时，应准确把握语气。

读书人是幸福人

谢 冕

我常想，读书人是世间幸福人，因为他除了拥有现实的世界之外，还拥有另一个更为浩瀚也更为丰富的世界。现实的世界是人人都有的，而后一个世界却为读书人所独有。由此我想，那些失去或不能阅读的人是多么的不幸，它们的丧失是不可补偿的。世间有诸多的不平等：财富的不平等，权力的不平等，而阅读能力的拥有或丧失却体现为精神的不平等。

一个人的一生，只能经历自己拥有的那一份欣悦、那一份苦难，也许再加上他亲自感知的那一些关于自身以外的经历和经验。

然而，人们通过阅读，却能进入不同时空的诸多他人的世界。这样，具有阅读能力的人，无形间获得了超越有限生命的无限可能性。阅读不仅使他认识了草木虫鱼之名，而且可以上溯远古下及未来，饱览存在的与非存在的奇风异俗。

更为重要的是，读书人加惠于人们的不仅是知识的增广，而且还在于精神的感化与陶冶。人们从读书学做人，从那些往哲先贤以及当代才俊的著述中学得他们的人格。人们从《论语》中学得智慧的思考，从《史记》中学得严肃的历史精神，从《正气歌》学得人格的刚烈，从马克思学得人世的激情，从鲁迅学得批判精神，从列夫·托尔斯泰学得道德的执着。歌德的诗句刻写着睿智的人生，拜伦的诗句呼唤着奋斗的热情。一个读书人，是一个有机会拥有超乎个人生命体验的幸运人。

【朗诵指要】

这篇文章开篇点题："读书人是世间幸福人"，然后逐层论述。作品饱含深情，语句耐人寻味，充满理性的光芒。朗诵的时候应做到语气厚重、沉实，注意逻辑重音的处理。

钟　声

付　磊

除夕之夜，悠悠的钟声响彻中国大地，这是怎样的钟声啊？洪亮而纯粹、博大而精深。它发自岁月的心脏，悠悠扬扬，震撼大地，气吞山河。而新的一年就在这富有号召力的旋律中拉开了帷幕。

这悠悠的钟声曾在商周祭天的天坛上响起，曾在枫桥夜泊的游子耳畔响起，曾在沙场点兵的将帅心中响起，如今又年复一年地震荡在中国大地上，几千年来音韵袅袅。

你听懂它发出的召唤了吗？它在说岁月流逝，脚步匆匆，每一个人在逝去的韶光前，要无怨无悔，那韵律像激越的鼓声，催人迈向新的征途。

你听懂它的叹息了吗？它长叹世上某些人贪得无厌，它叹息某些人庸庸碌碌，它嗟叹有些人胆小懦弱，它怨叹有些人虚掷光阴……

你听懂它的劝诫了吗？它规劝人要努力奋斗，它告诫人要胸襟宽阔，目光远大，志存高远。

【朗诵指要】

新年的钟声响彻大地，作者把钟声作为对自己的一种鞭策，激励自己在逝去的韶光前，无怨无悔，勇往直前。作者将钟声赋予深刻的内涵，通过从召唤、叹息、劝诫三个层面的解读，号召人们珍惜光阴，志存高远。朗诵时，应把握深沉、凝重的基调，语重心长，意味深长。

路

曾林祥

世界上有各种各样的路：大路小路，弯路直路，公路铁路，山路水路，沙路石路……纵横交错。路把高山和河流联结在一起，路把村庄和田野联结在一起，路的花纹镶遍了祖国的大地，使江山更添锦绣，使人生充满活力。

路，有平坦的，有险阻的。平坦的路上，留下了开拓者艰辛的足迹；险阻的路，也拦不住勇敢者前进的脚步。

谁说山间没有路？抓着草根，攀着古藤，抠着石缝，勒着石棱，一步步，一寸寸，爬着攀着，攀着爬着，跳涧越崖，向大自然迈开阔步。前面是理想的山巅，努力吧，朋友，无限风光在险峰。

山顶上看来没有路了，然而，天上还有路，是的，天上还有路！鹰不就是在云天拓路吗？……

路啊，没有尽头的路——

【朗诵指要】

作品中的“路”泛指人生的道路，告诉人们，人生之路有平坦的，也有险阻的，不论何时，不管何地，我们都应战胜困难，开拓向前。作品激励人们充满信心，创造幸福的明天。朗诵时，应把握主题，满怀激情，坚定有力。对“大路”、“小路”，“弯路”、“直路”，“平坦的”、“险阻的”，“高山”、“河流”，“村庄”、“田野”等，要读出区别，读出色彩，读出形象，不要语势雷同。

珍爱万物　呵护生命

佚　名

在电视里曾看到这样的事情：不用枪，而用棍。因为枪弹会损坏海豹雪白的皮毛，虐杀让小海豹头破脑裂地被剥皮时还在苦苦地挣扎蠕动。

前来保护自己孩子的成年海豹也难逃一劫，纯洁安静的冰面上一片凄厉的叫声，鲜红的血将方圆十几里的白色浸透……

我哭了。为可爱的生命，为无辜的生命！

我哭了。为漠然的选择，为残忍的选择！

从远古漫长的岁月中走来，人类一直利用着生物，但却没有给它们带来灭顶之灾。现代文明的发展，人类主宰自然的工具更加机械化、科技化，人类突然发现自己竟然如此有力。于是，心存畏惧的生存挣扎终于演化为肆无忌惮的欲望释放和贪得无厌的攫取。

美食，毛里求斯的渡渡鸟被当作“活罐头”吃绝了。而中国某些城市正时兴用野生鸟类熬粥。藏羚羊面临灭顶之灾，虎和熊的命运也岌岌可危。

如今，自然界植物灭绝的速度是每分钟一种，动物是每天一种。许多野生物种甚至还未被人类认识，就已经永远消失了。

地球属于每个生命，而大自然的美正在于生命的多彩。我们唱过“地球很小，是个家”。是的，心灵最崇高的选择应该是珍爱万物，呵护生命。停止那些残酷的选择吧！是玫瑰使我们陶醉于世界的芬芳，是苹果使我们品尝到生活的甜美，是百灵为我们啼啭出大自然优美的和弦……

此时此刻，脑海中突然闪现出那令人动容的诗歌：

每一片温柔的海浪

每一缕森林中的水汽

每一只振翅鸣叫的昆虫

都是神圣的……

【朗诵指要】

一切生灵都是有生命、有灵魂的，都应该成为人类的朋友。地球属于每个生命，而大自然的美正在于生命的多彩。文章笔墨凝重，透着淡淡的忧伤和沉重，它告诉我们，心灵最崇高的选择应该是珍爱万物，呵护生命。在处理“为可爱的生命，为无辜的生命”、“为漠然的选择，为残忍的选择”时，要注意排比句的表达，可采用逐渐加强的语势，把作者内心深处的思想感情表达出来。

跪拜的藏羚羊

王宗仁

天下所有慈母的跪拜，包括动物在内，都是神圣的。这是听来的一个西藏故事，发生故事的年代距今已有好多年了。可是，我每次乘车穿过藏北无人区时，总会不由自主地要想起这个故事的主人公——那只将母爱浓缩于深深一跪的藏羚羊。

在藏北的一个清晨，老猎人从帐篷里出来，伸伸懒腰，正准备要喝一铜碗酥油茶时，突然瞅见两步之遥对面的山坡上站立着一只肥肥壮壮的藏羚羊。他眼睛一亮，浑身立即涌上来一股清爽的劲头，丝毫没有犹豫，就转身回到帐篷拿来了杈子枪。他举枪瞄了起来，奇怪的是，那只肥壮的藏羚羊并没有逃走，只是用乞求的眼神望着他，然后冲着他前行两步，两条前腿扑通一声跪了下来。与此同时，只见两行长泪从它的眼里流了出来。

老猎人心头一软，扣扳机的手不由得松了一下。藏区流行着一句老幼皆知的俗语："天上飞的鸟，地上跑的鼠，都是通人性的。"此时，藏羚羊给他下跪自然是求他饶命了。他是个猎人，不被藏羚羊的可怜打动是情理之中的事。他双眼一闭，扳机在手指下一动，枪声响起，那只藏羚羊便栽倒在地。它倒地都仍是跪卧的姿势，眼里的两行泪迹也清晰地留着。

第二天，老猎人怀着忐忑不安的心情对那只藏羚羊开膛扒皮，他的手仍在颤抖，腹腔在刀刃下打开了，他吃惊地叫出了声，手中的屠刀咣当一声掉在地上……原来藏羚羊的子宫里，静静卧着一只小藏羚羊，它已经成形，自然是死了。这时候，老猎人才明白为什么那只藏羚羊的身体肥肥壮壮，也才明白它为什么要弯上笨重的身子为自己下跪：它是在求猎人留下自己孩子的一条命呀！

随即，老猎人的开膛破腹半途而停。

当天，他没有出猎，只是在山上挖了个坑，将那只藏羚羊连同它那没有出世的孩子掩埋了，同时埋掉的还有他的杈子枪……从此，这个老猎人在藏北草原上消失，没有人知道他的下落。

【朗诵指要】

2003年5月9日，可可西里国家级自然保护区管理局巡山队在青海、新疆交界地带连续破获两起武装盗猎藏羚羊案件，缴获藏羚羊羊皮七百多张以及小口径步枪等作案工具。盗猎分子猎杀的藏羚羊大多是即将分娩的母藏羚羊，如果加上腹中的幼羚，至少有上千只藏羚羊惨遭杀害。藏羚羊是国家一级保护动物，从80年代末期开始，国内一些不法分子开始大肆捕杀藏羚羊，而且犯罪手段日益武装化、团伙化，使藏羚羊遭到了空前的厄运：种群数量急剧下降，分布区域日益缩小。据1999年有关权威人士估计，藏羚羊种群总数大约不到7.5万只。世间每一种生命都有存在的权利。敬畏和善待生命应该成为当代人的共识。因为只有这样，人类才能拥有美好的生存空间。朗诵时要尽量把握相关的背景资料，带着珍爱万物、呵护生命的怜悯之心，读出情感。

一棵树的选择

——与生命抗争是一种美丽

佚　名

一粒种子，一粒干瘪的种子，一粒走投无路的干瘪的种子。

一天，我看见你跳下来了，为了摆脱那交迫的日子，为了寻求一种心灵的安慰，你义无反顾，像俯冲捕猎的雄鹰，像划过天际的流星于弹尽粮绝之后做出了自己的选择：一方贫瘠的土地养育了你，一缕阳光射向了你，你别无选择——好好活下去！

你认识到，活就要活出个样子，于是尽力充分利用大自然赐予你的养料、水分，憋足了劲，长成了——

一株苗；

一株幼小的苗；

一株倔强不屈的幼小的苗。

尽管你的叶疏花迟，身体瘦弱，但你敢于傲对风霜，任雷电轰鸣，任狂风袭击，你永远是那么倔强，永远与生命抗争，渐渐地伸展开稚嫩的四肢，吸天地物华，与太阳微笑，与月亮招手，你在成就自己，在创造一个全新的自我。

时光流逝，岁月蹉跎，你也逃脱不了时间的洗礼，逐渐干挺如铁，叶茂如云。你变成了这样——

一棵树；

一棵茁壮的树；

一棵令人敬仰的茁壮的树。

悬崖之上，天宇之中，伸展着浓绿的四肢，在寒风中抖擞成长的是你；叫游人赞叹不已的是你；能够在恶劣的环境中求生存的仍然是你。

但你相信在风雨中搏击生命的浪花是一种享受，你相信在风雨后总会有彩虹出现，你更相信活着就是一种抗争。

你选择了悬崖峭壁，就选择了苦难，选择了与风斗，与雨斗，这是你心灵深处执着的追求，你终于成就了自己。一个风和日丽的日子，你结出了一颗红红的果。

朋友，与生命抗争是一种美，是一种永恒的美。

【朗诵指要】

文章清新、晓畅，文笔细腻，情感真切。曾几何时，那缠绵如丝的感动，那与生命抗争的搏击，定然成为我们生活的支点和生命的希望。文章昭示我们，生命不息，奋斗不止，只要执着地追求，终将成就自己，迎来新的黎明。朗诵时，要充满自信，激情澎湃。

军 礼

佚 名

天下着鹅毛大雪。一支红军队伍在零下三十多度的酷寒中艰难地行进着。突然，队伍中有人喊起来："有人冻死啦！"军长一震，急步向前跑去。松树下，一位战士倚着树干，坐在雪窝里，一动也不动。他的左手夹着半截子用树叶卷成的烟，小心地放在胸前，仿佛在最寒冷的时刻还在渴望一支烟的温暖。他右手握着一个小纸包，脸上还挂着一丝早已冷却的笑容。军长用颤抖的手打开了那个纸包，一只红辣椒跳进了军长的眼帘。他轻轻拂去战士肩上的积雪，猛然发现他身上竟然穿得那样单薄，单薄得像一张纸。"棉衣，棉衣呢？为什么没发给他棉衣？"军长两眼发红："军需处长呢？"警卫员在发愣。"给我找军需处长。"还是没有人应声。"快，给我找军需处长！"警卫员哇的一声哭了出来："报告军长，他就是刚任命的军需处长。棉衣不够了……每人发的御寒辣椒也都没舍得吃一口……"

军长愣住了，他望着雕像般的军需处长，眼泪成串成串地流了下来。他高高地举起那只鲜红的辣椒，在铅灰色的天穹下，在迷漫的雪雾中，辣椒就像一把燃烧的火炬，照耀着前程。在这火炬下，一支又一支右手缓缓举起。军礼是那样庄重，整个队伍发出一片抽泣声，像一曲悲壮的哀乐，回荡在雪地上空。

人们不知道这位军需处长的名字。可是，永远也忘不了他留给我们的那只鲜红的辣椒。

【朗诵指要】

这是一篇经典的朗诵作品。文章通过神态、动作、语言表现人物的心理活动和思想感情，热情歌颂了红军战士的英雄气概和时时处处关心战友的革命情怀。作品短小，但感情浓烈，撼人心魄。警卫员的委屈，军长对战士的关怀，已经牺牲了的军需处长的无私，三个人物形象栩栩如生。朗诵时，开头部分要营造出环境的艰苦与恶劣，警卫员和军长的对话要与当时的语境相吻合。“军长一震”中的“震”、“军长愣住了”的“愣”，都要着力处理，表明军长对战士的无限关怀和深情怀念。警卫员哭泣的回答，应采用呜咽、断断续续的表达，以期感染听众。最后一句的重音，应落在“永远”二字上，以表达对革命烈士无尽的哀思。

永远的九岁

——写给小萝卜头

马凯臻

你，瘦骨嶙峋却挑着一颗大大的脑袋，令所有见到你的人都心生怜情！当你像羽毛一样飘落在血泊中时，你只有九岁，瘦小得就像一只嗷嗷待哺的小鸟，孱弱得就像一棵未及展开的幼苗。

我是在小说《红岩》里认识你的。我知道你刚满周岁就与父母流徙辗转，从此坠入了一个无尽的长夜。现在，我就站在重庆的歌乐山松林坡，你的生命就是在这里被无情地掠夺。面对你的雕像，许久我都没有转身。想起五十年前的那晚，便觉得身上的体温被阴森的冷气带了去。

那天雾浓吗？那天的夜色稠吗？那一刻你害怕了吗？当刽子手将匕首插入你胸膛，当你渐渐暗淡下去的目光最终瞥向妈妈时，你看到妈妈那痛得滴血的双眸了吗？

现在，站在你的雕像前，抚摸你纤弱的臂膀和瘦弱的脚趾，我实在想不出刽子手将冰凉的匕首插进你胸膛的理由。有人说，你是共和国最年轻的烈士。对你，这是一份光荣，但我却觉得它太沉、太重，你是一个孩子啊！以你九岁的生命难道应该承受如此之重？当然，人们称你为烈士是因为在共和国的基石上，浸染了你的鲜血。就是因为这样纯洁、这样殷红的血，让无数人知道了什么是自由，什么是尊严，什么是人道，什么是理想和信念。

小萝卜头，没有人知道你的大名是宋振中。九岁时，你与你的父母被反动派杀害于新中国诞生的前夜，你的生命终结于九岁，也升华于九岁，灿烂于九岁。你放飞蝴蝶的一瞬，已凝固成中国人民热爱生命和追求自由的经典。

【朗诵指要】

小萝卜头是共和国年纪最小的烈士，倒在血泊之中时只有九岁。短短的一生中，只有八个月是自由幸福的日子，还在吃奶时就成为终身的囚徒。父亲宋绮云是“西安事变”的主角之一——杨虎城将军的秘书。杨虎城全家被软禁后，宋绮云和妻子徐林侠、儿子小萝卜头先后被诱捕。打他懂事起，爱与恨就强烈地交织于心头。孩子爱爸爸，天经地义。但在监狱中和父亲一墙之隔，却只闻其声，不见其人；或只能放风时，看到父亲远远的身影。1949 年 9 月 6 日，他同父母一起被敌人杀害。中华人民共和国成立后，西安人民政府在杨公祠烈士陵园为他树立了纪念碑。邳县人民政府在县儿童乐园为他塑了全身像以示纪念。今天，小萝卜头的自由之梦已如春天的鲜花，在祖国遍地开放。朗诵时，要带着悲情，带着对小萝卜头的怜悯与缅怀，带着对国民党反动派的痛恨，有感而发。

昭君出塞

振　荣

刺骨的寒风呼啸着从耳边吹过，我默默地站在明月初升的阴山上，遥望那古老的雁门，轻将琵琶拨响。

我有幸生长在屈原故里、宋玉家乡秭归，美丽的香溪伴我长大；我不幸生得容颜姣好偏又出身贫寒，入选宫门却无力与画工行贿，哪知毛延寿添恨害我贬入冷宫。

五年，整整的五年啊，我空望着花开花落，怕看这冬尽春残，奏一曲琵琶也饱含着深深的幽怨！

素指轻抬，拨响琴弦："我一怨君王无缘相见，二怨父母兄弟不得团圆，三怨红颜消退出头无望。"上苍啊，难道一道宫墙冷院就该锁住我绝世的才情？难道这更漏声声就能让我坐等红颜白发？

不，我不能让一座宫墙锁住一生的岁月！我要和大雁一样，飞出这高高的宫墙，在蓝天白云间自由地飞翔！

让我再着一身汉家装，弹一回《出塞曲》；让我再看一次秭归月，拜一拜香溪水。此一去，江南烟雨再难见，伤心保国仗红颜；此一去，关山明月入梦来，琵琶弦里寄相思；此一去，卸却汉家女儿妆，胡服烈马草原行！此一去，定将我汉家文化传漠北，胡笳声里听乡音；此一去，定保汉匈百姓睦邻好，不负君王临行托！

【朗诵指要】

文章以第一人称的手法，道出了昭君的生平和心音。作品适合女声选用，表达时要用心体会昭君的心声，注意情感幽怨，韵律和谐。

回　答

北　岛

卑鄙是卑鄙者的通行证，
高尚是高尚者的墓志铭，
看吧，在那镀金的天空中，
飘满了死者弯曲的倒影。

冰川纪过去了，
为什么到处都是冰凌？
好望角发现了，
为什么死海里千帆相竞？

我来到这个世界上，
只带着纸、绳索和身影，
为了在审判之前，
宣读那些被判决的声音。

告诉你吧，世界，
我——不——相——信！
纵使你脚下有一千名挑战者，
那就把我算作第一千零一名。

我不相信天是蓝的，
我不相信雷的回声，
我不相信梦是假的，
我不相信死无报应。

如果海洋注定要决堤，
就让所有的苦水都注入我心中，
如果陆地注定要上升，
就让人类重新选择生存的峰顶。

新的转机和闪闪星斗，
正在缀满没有遮拦的天空，
那是五千年的象形文字，
那是未来人们凝视的眼睛。

【朗诵指要】

这首诗写于1976年的天安门事件中，浓厚的感情色彩和独特的表达方式震撼人心，是那一时期最有个性的时代强音，是先觉者对“新的转机”的期待和呼唤，是从迷惘到觉醒的一代青年对现实的严肃“回答”。“告诉你吧，世界，/我——不——相——信”，这愤怒的呐喊，如冬日惊雷响彻天宇，如空间足音经久不息。四个“我不相信”组成的排比句，朗诵时应语气坚定，显示叛逆者毫不妥协的意志。这种怀疑，不是虚无主义，这种否定也非“否定一切”，而是建立在对自己完全相信的基础上，对荒谬客体的彻底否定，是在对病态的社会现实完全绝望后，对生活的重新选择。

诗以警句开篇，如异峰突起，为全诗定下了悲愤的基调，有力讽刺了那个道德观念扭曲、价值观念颠倒的荒唐现实。这首诗的前两节，形象地概括了那黑白颠倒的现实，表达了诗人心中的困惑、不解和愤懑。朗诵声调应缓慢、深沉。中间四节，诗人不相信这一切，他要用自己独特的理性思考来审视这个世界，他要建立一个自己的世界，这是一个真诚而独特的世界、正直的世界、充满人性的世界。朗诵时要表达出诗人这种冷静的思考和坚定的决心。最后一节，对未来的憧憬，语调应上扬、明朗，要有一种历史感和开拓美好未来的使命感。

这也是一切

——答一位青年朋友的《一切》

舒　婷

不是一切大树
都被风暴折断，
不是一切种子
都找不到生根的土壤，
不是一切真情
都流失在人心的沙漠里，
不是一切梦想
都甘愿被折掉翅膀。

不，不是一切
都像你说的那样！

不是一切火焰
都只燃烧自己
而不把别人照亮；
不是一切星星
都仅指示黑暗
而不报告曙光；
不是一切歌声
都只掠过耳旁
而不留在心上。

不，不是一切
都像你说的那样！

不是一切呼吁都没有回响，
不是一切损失都无法补偿，
不是一切深渊都是灭亡，
不是一切灭亡都覆盖在弱者头上，
不是一切心灵
都可以踩在脚下，烂在泥里，
不是一切后果
都是眼泪血印，而不展现欢容。

一切的现在都孕育着未来，
未来的一切都生长于它的昨天。
希望，而且为它斗争，
请把这一切放在你的肩上。

【朗诵指要】

这首诗以促膝谈心的方式对青年朋友进行开导，解除人们心中的困惑，鼓励人们增强对生活的信念和责任感。诗中充满了对青年的关心、爱护、希望和鼓励。朗诵这首诗，感情要真挚、深沉，语调要亲切、自然。要采用开导、鼓励的口吻，而不是指责、教训。诗歌采用了反复、排比的修辞手法，在反复中增加浓度，在排比中增强语势。朗诵中既要注意体现整齐的美，又要注意变化。排比句的标志词“不是”不要重读，主要在不是“什么”，以免累赘。但第二节和第四节里的两个“不是”要重读，以便加强语气。要注意断句。“不是”句属于主谓作宾语结构，且宾语是一个整体，语气要连贯，断句在谓语“不是”后，而不在分行处。最后一节，语势要逐渐上扬、加强，“希望”、“斗争”、“肩上”这几个重音要强调出来。

雨　巷

戴望舒

撑着油纸伞，独自
彷徨在悠长、悠长
又寂寥的雨巷，
我希望逢着
一个丁香一样地
结着愁怨的姑娘。

她是有
丁香一样的颜色，
丁香一样的芬芳，
丁香一样的忧愁，

在雨中哀怨，
哀怨又彷徨；

她彷徨在这寂寥的雨巷，
撑着油纸伞
像我一样，
像我一样地
默默彳亍(chì chù)着
冷漠、凄清，又惆怅。

她默默地走近，
走近，又投出
太息一般的眼光，
她飘过
像梦一般地，
像梦一般地凄婉迷茫。

像梦中飘过
一枝丁香地，
我身旁飘过这个女郎；
她默默地远了，远了，
到了颓圮的篱墙，
走尽这雨巷。

在雨的哀曲里，
消了她的颜色，
散了她的芬芳，
消散了，甚至她的
太息般的眼光，
丁香般的惆怅。

撑着油纸伞，独自
彷徨在悠长、悠长
又寂寥的雨巷，
我希望飘过
一个丁香一样地
结着愁怨的姑娘。

【朗诵指要】

《雨巷》这首诗写于1927年夏天。当时全国处于白色恐怖之中，戴望舒因曾参加进步活动而不得不避居于松江的友人家中，在孤寂中咀嚼着大革命失败后的幻灭与痛苦，心中充满了迷惘的情绪和朦胧的希望。《雨巷》一诗就是他这种心情的表现，其中交织着失望和希望、幻灭和追求的双重情调。诗中那狭窄阴沉的雨巷、在雨巷中徘徊的独行者，以及那个像丁香一样结着愁怨的姑娘，都是象征性的意象。朗诵时应含蓄地表达出作者既迷惘感伤又满怀期待的情怀，给听众带去一种朦胧而又幽深的美感。

乡愁

余光中

小时候
乡愁是一枚小小的邮票
我在这头
母亲在那头

长大后
乡愁是一张窄窄的船票

我在这头
新娘在那头

后来啊
乡愁是一方矮矮的坟墓
我在外头
母亲在里头

而现在
乡愁是一湾浅浅的海峡
我在这头
大陆在那头

【朗诵指要】

这首现代诗把各个不同时期思乡的情感淋漓尽致地抒发在字里行间。它从亲情、爱情上升到家国之情，隽永的情怀，挥不去的愁思，附着于邮票、船票、坟墓、海峡这次第放大的意象中，颇有一种自然天成之美。而一咏三叹，复沓回环，对中国古典诗歌表现手法的娴熟袭用，已完全是一副皈依传统的浪子回头的姿态了。朗诵时要注意调动自己内心深处真诚质朴的情感，语速不要太快，也不能矫揉造作。

祖国啊，我亲爱的祖国

舒　婷

我是你河边上破旧的老水车
数百年来纺着疲惫的歌
我是你额上熏黑的矿灯

照你在历史的隧洞里蜗行摸索
我是干瘪的稻穗;是失修的路基
是淤滩上的驳船
把纤绳深深
勒进你的肩膊
——祖国啊

我是贫困
我是悲哀
我是你祖祖辈辈
痛苦的希望啊
是“飞天”袖间
千百年来未落到地面的花朵
——祖国啊

我是你簇新的理想
刚从神话的蛛网里挣脱
我是你雪被下古莲的胚芽
我是你挂着眼泪的笑窝
我是新刷出的雪白的起跑线
是绯红的黎明
正在喷薄
——祖国啊

我是你的十亿分之一
是你九百六十万平方的总和
你以伤痕累累的乳房
喂养了
迷惘的我,深思的我,沸腾的我
那就从我的血肉之躯上

去取得
你的富饶，你的荣光，你的自由
——祖国啊
我亲爱的祖国

【朗诵指要】

《祖国啊，我亲爱的祖国》是舒婷的代表作之一，旨在表达诗人对祖国的一种深情。与以往同类诗作相比，它具有鲜明的时代特征与个性——既有当代青年那迷惘的痛苦与欢欣的希望，又有女儿对祖国母亲艾艾的不满与献身的真情。全诗立意新颖，感情真挚，一反过去某些诗的浮泛与“神话”式的歌颂，而是从一个别致的角度来吟唱祖国母亲。为表达这种赤子深情，朗诵者应采用由低沉缓慢走向高亢迅疾的节奏。低沉缓慢方能如泣如诉、似哀似怨；高亢迅疾才可热烈奔放、一往无前，以表达诗人对祖国的交融感与献身感。

再别康桥

徐志摩

轻轻地我走了，正如我轻轻地来；
我轻轻地招手，作别西天的云彩。

那河畔的金柳，是夕阳中的新娘；
波光里的艳影，在我的心头荡漾。

软泥上的青荇，油油地在水底招摇；
在康河的柔波里，我甘心做一条水草！

那榆荫下的一潭，不是清泉，是天上虹；

揉碎在浮藻间，沉淀着彩虹似的梦。

寻梦？撑一支长篙，向青草更青处漫溯；
满载一船星辉，在星辉斑斓里放歌。

但我不能放歌，悄悄是别离的笙箫；
夏虫也为我沉默，沉默是今晚的康桥！

悄悄地我走了，正如我悄悄地来；
我挥一挥衣袖，不带走一片云彩。

【朗诵指要】

《再别康桥》是一首优美的抒情诗。1928年秋，作者再次到英国访问，旧地重游，勃发了诗兴，将自己的生活体验化作缕缕情思，融汇在所抒写的康桥美丽的景色里，也驰骋在诗人的想象之中。一首离别诗，丝毫不哀婉沮丧，却表现出清新明快、无限留恋和依依惜别的心情。朗诵时，应以作者情感的变化为主线，采用虚实相间的表达手法，将具体景物与想象糅合在一起，构成鲜明生动的艺术形象，巧妙地把气氛、感情、景象融汇为意境，达到景中有情、情中有景。要细致入微地将诗人对康桥的爱恋，对往昔生活的回味，对眼前现实的离愁，表现得真挚、浓郁、隽永。语言要清新秀丽，节奏宜轻柔委婉、和谐自然，伴随着情感的起伏跳跃，犹如一曲悦耳徐缓的散板，轻盈婉转，拨动读者的心弦。

致橡树

舒　婷

我如果爱你——
绝不像攀援的凌霄花，
借你的高枝炫耀自己；
我如果爱你——
绝不学痴情的鸟儿，
为绿荫重复单调的歌曲；
也不止像泉源，
常年送来清凉的慰藉；
也不止像险峰
增加你的高度，
衬托你的威仪。
甚至日光。
甚至春雨。

不，这些都还不够！
我必须是你近旁的一株木棉，
作为树的形象和你站在一起。
根，紧握在地下，
叶，相触在云里。
每一阵风过，
我们都互相致意，
但没有人
听懂我们的言语。

你有你的铜枝铁干，
像刀，像剑，
也像戟，

我有我红硕的花朵，
像沉重的叹息，
又像英勇的火炬。
我们分担寒潮、风雷、霹雳；
我们共享雾霭、流岚、虹霓。
仿佛永远分离，
却又终身相依。

这才是伟大的爱情，
坚贞就在这里：
爱——
不仅爱你伟岸的身躯，
也爱你坚持的位置，
足下的土地。

【朗诵指要】

《致橡树》是一首优美、深沉的抒情诗。它所表达的爱，不仅是纯真的、炙热的，而且是高尚的、伟大的。它像一支古老而又清新的歌曲，拨动着人们的心弦。朗诵时，要注意把握好螺旋式推进的情感基调，努力做到情真意切，以表达作品那丰满的内在情感，语言要柔美中带有刚毅。

我心中的祖国

佚　名

我心中总唱着一首快乐的歌，
你要问我为什么呀为什么？
我就高兴地对你说：

我心中有我的祖国！

我心中总燃着一团不熄的火，
你要问我为什么呀为什么？
我就高兴地对你说：
我心中有我的祖国！

我心中总流着一条奔腾的河，
你要问我为什么呀为什么？
我就高兴地对你说：
我心中有我的祖国！

小时候妈妈对我说，
长大后要好好地报效祖国。
童年的我把祖国记在心窝，
但不知祖国的含义是什么。

巍巍的长城告诉我：
文明和智慧是我的祖国。
滔滔的黄河告诉我：
勤劳和勇敢是我的祖国。
茫茫的大地告诉我：
春风和雨露是我的祖国。
冉冉的朝阳告诉我：
光明和希望是我的祖国。

啊，祖国啊祖国，
你是金色的山河，
你是万家的灯火，
你是慈母的情怀，
你是我心中唱不完的颂歌！

【朗诵指要】

这首热情歌颂伟大祖国的赞美之歌，特别适合中小学生朗诵。朗诵时，要激情满怀，热情洋溢，字里行间流露出对祖国的无限热爱，对美好明天的无限憧憬，语气要激昂、自信，结尾要字音响亮、情感饱满。

我骄傲，我是中国人

王怀让

在无数蓝色的眼睛和褐色的眼睛之中，
我有一双宝石般的黑色的眼睛，
我骄傲，我是中国人！
在无数白色的皮肤和黑色的皮肤之中，
我有着大地般黄色的皮肤，
我骄傲，我是中国人！

我是中国人——
黄土高原是我挺起的胸脯，
黄河流水是我沸腾的血液，
长城是我扬起的手臂，
泰山是我站立的脚跟。

我是中国人——
我的祖先最早走出森林，
我的祖先最早开始耕耘，
我是指南针、印刷术的后裔，
我是圆周率、地动仪的子孙。
在我的民族中

不光有史册上万古不朽的
孔夫子、司马迁、李自成、孙中山，
还有那文学史上万古不朽的
花木兰、林黛玉、孙悟空、鲁智深。
我骄傲，我是中国人！

我是中国人——
在我的国土上不光有
雷电轰不倒的长白雪山、黄山劲松，
还有那风雨不灭的井冈传统、延安精神！

我是中国人——
我那黄河一样粗犷的声音，
不光响在联合国的大厦里，
大声发表着中国的议论，
也响在奥林匹克的赛场上，
大声高喊着“中国得分”。
当掌声把五星红旗托上蓝天，
我骄傲，我是中国人！

我是中国人——
我那长城一样巨大的手臂，
不光把采油钻杆钻进外国人
预言打不出石油的地心；
也把通信卫星送上祖先们
梦里也没有到过的白云；
当五大洲倾听东方红声音的时候，
我骄傲，我是中国人！

我是中国人，
我是莫高窟壁画的传人，
让那翩翩欲飞的壁画与我们同往。
我就是飞天，
飞天是我们。
我骄傲，我是中国人！

【朗诵指要】

这是一首热情歌颂伟大祖国的赞美诗。作者纵论古今，横议全球，讴歌了伟大的民族和伟大的人民。朗诵时要立足高远，自始至终洋溢着自豪、骄傲的情怀。每节前的“我是中国人”和每节后的“我骄傲，我是中国人”，都要联系上下文的感情，随诗的层次递进关系有所变化，不可语势单一、雷同。最后一段借“飞天”的形象，预示中华民族将要在人类历史上出现一个新的腾飞，朗诵时要充满自信、自豪、自强的感情色彩。最后一句收尾要字音饱满、响亮，语气雄浑、有力。

我爱你，中国（节选）

子　涵

当灿烂的太阳跳出了你东海的碧波
你的帕米尔高原上依然是群星闪烁
当你的北国还是那银装素裹的世界啊
你的南疆早已到处洋溢着盎然的春色
我爱你，中国！

我爱你敦煌飞天的曼舞轻歌
杭州西湖的淡妆浓抹
桂林山水的清奇秀丽
黄山云海的神秘莫测
我爱你，中国！

我爱你龙井茶的清甜
茅台酒的醇浓
江南丝绸的光洁绚丽
景德镇瓷器的天工巧夺
我爱你，中国！

我爱你世界屋脊上布达拉宫的巍峨
傣家竹楼前那如水的月光
吐鲁番的葡萄，哈密的瓜
呼伦贝尔大草原上羊群就像蓝天上
飘动的洁白的云朵
我爱你，中国！

我爱你青年人的热情奔放
中年人的深沉不惑
孩子们天真烂漫的笑脸
老人们跳起的晚霞迪斯科
我爱你，中国！

我爱你战国编钟奏出的古曲
我爱你振兴、腾飞时代唱出的新歌
我爱你黄昏里紫禁城那层层的殿宇啊
我爱你夜色中现代化建筑上辉煌的灯光
我爱你，中国！

我爱你腾空的蘑菇云驱走了荒原的寂寞
我爱你南极长城站传来的电波
我爱你送走瘟神病魔的喜讯啊
我爱你奥运史上零的突破
我爱你，中国！

几度阴晴，几度离合
几度舒缓，几度壮阔
我爱你斗争、创造谱写的史册
几番耕耘，几番收获
几番荒芜，几番蓬勃
我爱你血水、汗水浇灌的肥沃
几多欢乐，几多苦涩
几多失落，几多赢得
我爱你坚韧、执着塑造的性格
我爱你博大的胸怀
我爱你恢弘的气魄
我爱你祖祖辈辈生生不息跳荡的脉搏啊
我爱你，中国！

【朗诵指要】

澎湃的激情、飞腾的想象、深邃的意境、和谐的韵律，构成了这首诗的主要特色。朗诵时，要特别把握好作品的节奏感，一气呵成，大气磅礴。前面几段要豪放、雄壮，最后一段则要放低音量，突出对比。这首诗可以采用男女声朗诵或集体朗诵的形式，但要注意声音层次的变化。

十八岁畅想曲（节选）

集体创作

十八支蜡烛
被轻轻吹灭，
深情的注视
留给昨夜未眠的青春。
今天的我们，
被阳光召唤，
奔腾的热情
汇成明天引吭的高歌。

历史的又一个驿站
有十八岁的憧憬，
十八岁刚刚发芽的梦；
有十八岁绽开的美丽，
十八岁缤纷的向往，
向着展现在眼前的七彩之路，
说一声——
十八岁，让我们上路！

初升的太阳，
再次温暖地披上肩头，
我们的臂膀，
已经长成茂盛的丛林，
阳光如风掠过，
勃勃的朝气延伸天际。
十八岁，让我们追逐太阳，
我们的心呀，
有太阳的炽烈，太阳的光亮，太阳的宽广。

也许我们会长成为一棵大树，
伟岸挺拔，坚定崇高；
也许我们会萌发成一株小草，
默默无闻，芬芳满野；
也许我们会站立为一道青山，
巍峨绵延，风光无边；
也许我们会平躺为一片原野，
深沉博大，殷实富饶……

十八岁，张开你的双臂，
担负起更坚实的人生重任；
十八岁，挺起你的胸膛，
怀抱更广博的精彩世纪！

【朗诵指要】

这是由共青团北京市委中学部集体创作的一首诗。青春的畅想，豪情满怀；缤纷的向往，充满期待。朗诵时，应朝气蓬勃、热情积极，语势昂扬。朗诵开头部分时，应柔声起调，逐渐加强，结尾一段应语气坚实有力，情感激越。

挑起太阳的人

——告慰英灵的歌

陈　阳

一个民族的觉醒从这里开始
一个古老的传说在这里延续
一轮崭新的太阳在这里升起
一个共和国的诞生在这里孕育

你们从地平线上走来
挑着太阳　带着一身的疲惫

你们又从地平线上消失
留在身后的　是无数深深的足迹
——哦　那是历史的书页上
用鲜血凝就的诗句

听老人们说
你们是一群雄狮的儿女
为将太阳挑到天边
为了迎来东方的黎明
你们的脚步
从来就不曾停息

我不认识
屹立于雪峰之上的军需处长
也不认识
为寻找落伍的小同志而掩埋在
沼泽地里的老红军战士
可沧桑的岁月
又怎能抹去这段历史的印迹
——黎明前那个风雪交加的夜晚
你们满怀对未来的憧憬
悄然而去

啊　历史的丰碑
刻写着你们惊天动地的英雄业绩
你们挑走了大山　迎来了黎明
却将那轮崭新的太阳
留给了后辈子孙儿女
你们用鲜血铸就的丰碑将
永垂丹青

【朗诵指要】

这是一首告慰英灵的赞歌，表达了作者对革命先烈的深切缅怀之情，委婉诚挚，感人至深。朗诵时要以情带声，以声传情，对个别尽管已经分行的长句不要随意断开，以免破坏语义。如“为寻找落伍的小同志而掩埋在沼泽地里的老红军战士”这句话，则不能在“掩埋在”处停顿。另外，朗诵这首诗，要注意用声的虚实结合，如“带着一身的疲惫”、“无数深深的足迹”、“悄然而去”等处宜用虚声，“一个共和国的诞生”、“用鲜血凝就的诗句”、“惊天动地的英雄业绩”、“用鲜血铸就的丰碑”则应用实声，最后一句“永垂丹青”应铿锵落地，坚实有力。

月是故乡明

张　默

不知是哪位诗仙诗圣说的
月是故乡明
真是一点儿也没错
打从咱家离开故乡黄土坡的那一日起
屈指算算
已历三百六十六个多月了吧

啊！时光的步履可真跑得飞快呵！
犹记顽童时代的中秋
每逢这个大好的日子
咱家这些众兄弟众姊妹们
不等到那个圆溜溜的家伙
挂上柳梢头

就风起云涌地躲在
池塘边的老榆树下
双眼注视着辽辽远远的东方
呵！月亮月亮，请你快快地起来吧！
呵！月亮月亮，请你快快地唱歌吧！
呵！月亮月亮，请你快快地跳舞吧！
而那个又圆又大的怪物
果真就在大家热切的欢呼声中攀升了
蓦地，那周遭的一切都在美丽地飞旋

啊！时光的步履可真跑得飞快呵！
三十年后的今天
我们哪里还有童年时代的雅兴呢
尽管这儿每年的月色依旧灿烂
尽管这儿大伙儿的友情依旧温馨
可是，可是呵
咱家的心里一直地嘀咕着
以及深深深深地惦记着
"月是故乡明！"

【朗诵指要】

这首诗表达了作者对过去岁月的无尽留恋、对家乡的无比思念之情，诚挚朴实，动人心弦。朗诵时既要把握好深情回味的基调，又要洋溢幸福欢快的思想感情，读出色彩，读出变化。

春天的第一缕阳光

李小雨

这是春天的第一缕阳光——
她笑着，跑着，
穿着最美的衣裳。
她是春天的女儿，
有着春风的温柔，
春雨的热烈，
她把五彩的光芒，
铺在大地上。

这是春天的第一缕阳光——
她是飘着奶香的暖暖的摇篮，
让婴儿的小脚丫，一步
就稳稳地站在大地上；
她是母亲怀中的针线，
缝啊，扯啊，
连接着上个世纪的夜晚，
和明天的向往；
她是太阳发来的一封信，一声催促，
快到广阔的生活中去吧，
劳动、欢乐，甚至流泪，
让活力四射，
让长发飞扬！

这是春天的第一缕阳光——
她是未来奥运会的火种，
就闪烁在中国女儿的眼中心上；

她是电子屏幕上的一个亮点，
蕴藏着无穷的信息和能量。
她连接着每个人、每条街道，
用她来编织所有的中国结吧，
让家家户户都喊着大红大绿的
幸福和吉祥！
她长长的情感缠绕着女儿的心。
世界，你看见了吗？
——黑色的是智慧，
黄色的是笑容，
红色的是爱情，
绿色的是生命，
蓝色的是梦想……
这就是中国的女儿，
女儿的双手，
在把一个新世纪的黎明
轻轻摇晃……

【朗诵指要】

这是一首春天的颂歌。作品清新、晓畅，节奏明快，语言富有音乐性。朗诵时，应满怀幸福甜美的感情，带着对春天的渴望与赞美，对未来的生活充满信心。语调亲切、明快、热情，感情色彩浓郁。

共和国的记者

佚　名

当曙光划破黎明的时候
你用你的镜头记录了那一瞬间的美丽
当晚霞染红黄昏的时候
你用心灵描述了那稍纵即逝的烂漫

你时常用小小的纸片摩擦你的镜头
你要用它抹去镜头表面的灰垢
让你的作品更加地清晰美丽

你有时也会让你心爱的机器静静地躺在角落
你要用片刻的宁静
荡涤你心灵的尘埃
因为你要用纯洁的镜头
记录真实的躲在事件背后的事实

没有很多人会记得那个平凡的日子
那一天只属于你和你的同事

十一月八日
这是一个非常平常的日子
十一月八日
却送给了一群并不普通的小伙子

扛着摄像机
他们能飞一般地穿过高山丛林
扛着摄像机
他们能从黑夜到天明
扛着摄像机

他们可以用生命去谱写历史

他们是刀子
可以投向罪恶和邪恶
他们是天使
可以让魔鬼不寒而栗
他们是丰碑
永远记录着共和国不朽的记忆

他们决不是一般的战士
他们要用手中紧握的笔
用双手紧抱的相机
用肩上扛着的机器
去描绘山河的秀丽
去讴歌人间的真善美

是他们用钢臂铁肩担起了道义
是他们用生花妙笔见证了岁月
是他们用心血凝就辉煌
是他们用生命记录了现在
记录了真理
记录了历史

共和国的记者啊
你们是不畏艰险的斗士
总是在危急关头勃发你们的斗志
是你们参与了历史的发展
是你们推动了社会的变革
是你们鼓舞人民的斗志
是你们为时代的进步呐喊

是你们肩负起记者神圣而崇高的使命
共和国的记者啊
让我们举手敬礼
向你们表达崇高的敬意！

【朗诵指要】

十一月八日是记者节。这首诗表达了作者对党的新闻工作者——人民记者的崇高敬意和深情赞美。朗诵时，应旗帜鲜明、语气坚定。

有的人

臧克家

有的人活着
他已经死了；
有的人死了，
他还活着。

有的人
骑在人民头上："呵，我多伟大！"
有的人
俯下身子给人民当牛马。

有的人
把名字刻入石头想"不朽"；
有的人
情愿做野草，等着地下的火烧。

有的人
他活着别人就不能活；

有的人
他活着为了多数人更好地活。

骑在人民头上的,
人民把他摔垮;
给人民作牛马的,
人民永远记住他!

把名字刻入石头的,
名字比尸首烂得更早;
只要春风吹到的地方,
到处是青青的野草。

他活着别人就不能活的人,
他的下场可以看到;
他活着为了多数人更好地活着的人,
群众把他抬举得很高,很高。

【朗诵指要】

这首诗热情地歌颂了鲁迅先生“俯首甘为孺子牛”的革命精神,嘲讽和鞭挞了反动统治者的丑恶行径,同时向我们提出了人生价值的重大课题。全诗结构完整、紧凑,感情表达强烈真挚,饱含诗人对历史和现实的观察体验,融入了作者爱憎分明的真挚感情。朗诵时要把握诗人感情的脉络,加深对诗歌主旨的理解。

沁园春·雪

毛泽东

北国风光，千里冰封，万里雪飘。
望长城内外，惟余莽莽；
大河上下，顿失滔滔。
山舞银蛇，原驰蜡象，欲与天公试比高。
须晴日，看红装素裹，分外妖娆。

江山如此多娇，引无数英雄竞折腰。
惜秦皇汉武，略输文采；
唐宗宋祖，稍逊风骚。
一代天骄，成吉思汗，只识弯弓射大雕。
俱往矣，数风流人物，还看今朝。

【朗诵指要】

毛泽东的《沁园春·雪》被称为千古绝唱。全篇高瞻远瞩，胸襟博大，气魄雄浑，艺术精湛，令人振奋。这首词上阕大笔挥洒，写北方雪景；下阕纵横议论，评古今人物。上下浑然一气，构成了一个博大浩瀚的时空世界，铸就了一个完美独特的艺术整体，表现出一位伟大的无产阶级革命家超凡脱俗的精神境界。历代英雄人物统统被滚滚的历史洪流席卷而去，只有今天的无产阶级才是推动历史前进的真正动力，才是祖国大好河山当之无愧的主人，才能使祖国繁荣昌盛，使中华民族自立于世界民族之林，并对人类作出应有的贡献。这是全词最精彩的地方，也是诗人的神光所聚。有了这一最精练、最概括的结语，全词咏雪的“题外之远致”就洋溢纸上了。

朗诵时应把握热情、喜悦、豪迈的总体基调。上阕描绘北国的壮美风光，抒发对大好河山的无限热爱之情，声音要舒展、明亮，语调热情大方；下阕是对历史人物的评论和对无产阶级的歌颂，语气稍平和，应有历史厚重感。最后一句应高亢有力，热情豪放。

沁园春·长沙

毛泽东

独立寒秋，
湘江北去，
橘子洲头。
看万山红遍，
层林尽染；
漫江碧透，
百舸争流。
鹰击长空，
鱼翔浅底，
万类霜天竞自由。
怅寥廓，
问苍茫大地，
谁主沉浮？

携来百侣曾游，
忆往昔峥嵘岁月稠。
恰同学少年，
风华正茂；
书生意气，
挥斥方遒。

指点江山，
激扬文字，
粪土当年万户侯。
曾记否，
到中流击水，
浪遏飞舟？

【朗诵指要】

这首词写于1925年深秋。毛泽东同志1911—1925年在长沙学习、工作和从事革命活动。“恰同学少年，风华正茂；书生意气，挥斥方遒。”在这峥嵘的岁月里，作者和他的同学，如蔡和森、何叔衡、张昆弟等立志救国的知识青年，正值青春年少，神采飞扬，才华横溢，意气风发。诗人巧妙地化用了《庄子·田子方》中“夫至人者，上窥青天，下潜黄泉，挥斥八极，神气不变”的意境，来形容新时代的青年从旧思想的束缚中解放出来，自由奔放的胸襟。是以情为经线、景为纬线交织而成的。它不仅使我们得到欣赏壮丽秋景的艺术享受，也使我们从诗人昂扬炽烈的革命情怀中，汲取奋发前进的信心和力量。朗诵时应结合当时的时代背景，把握意气风发、朝气蓬勃、热情奔放的总体基调，做到情景交融，语气坚定，气势激昂。

忆秦娥·娄山关

毛泽东

西风烈，
长空雁叫霜晨月。
霜晨月，

马蹄声碎，
喇叭声咽。

雄关漫道真如铁，
而今迈步从头越。
从头越，
苍山如海，
残阳如血。

【朗诵指要】

为庆祝娄山关战斗胜利而作的《忆秦娥·娄山关》，是毛泽东的得意之笔。娄山关之战发生在二渡赤水、再占遵义的途中，是毛泽东沉寂三年后的重要一役。战斗于拂晓打响，经过反复冲锋、肉搏，直到傍晚才占领了娄山关关口。这时太阳还没有落山，战场也未及打扫，登上娄山关的毛泽东心情依然沉重："西风烈，长空雁叫霜晨月。霜晨月，马蹄声碎，喇叭声咽。"在毛泽东的视野中，茫茫山海和血红的落日形成强烈的刺激，似乎在警示：从会昌城外高峰到娄山之巅的"雄关漫道"，红军虽已跨过生死线，但前面的路也许更长、更险。然而，挫折和困难从来动摇不了毛泽东必胜的决心和信心，他已做好了"从头越"的心理准备。这首词给我们提供了深刻的现代启示：无论是微观个体还是宏观意义上的集体、民族或国家，总是处于"长征"或"新长征"之中，总是会遇到这样或那样、可预见或不可预见的困难，在战略上，最需要的是乐观、豁达、大无畏的思维和态度，需要以超然、超现实的眼光看人生，看挫折，看潮起潮落和云卷云舒。这是一种生存、发展的智慧和生存、发展的美学。朗诵时要把握好作品的主题和内涵，读出气势，诵出神采。

卜算子·咏梅

——读陆游咏梅词，反其意而用之

毛泽东

风雨送春归，
飞雪迎春到。
已是悬崖百丈冰，
犹有花枝俏。

俏也不争春，
只把春来报。
待到山花烂漫时，
她在丛中笑。

【朗诵指要】

陆游的《咏梅》写梅花的寂寞高洁、孤芳自赏，引来群花的羡慕与嫉妒。而这首词却是写梅花的美丽、积极、坚贞，不是愁而是笑，不是孤傲而是具有新时代革命者的操守与傲骨。诗人当然也依古训，以诗言志，也借梅寄志。诗人以隆冬里盛开的梅花勉励自己，劝慰他人，应向梅花学习，在如此险峻的情况下，勇敢地迎接挑战，去展示自己的俊俏。朗诵时要处理好这个"俏"字，这是喜悦者的形象、自信者的形象、胜利者的形象，当然这不仅是诗人眼中梅花的形象，也是诗人自己以及中国共产党人的形象。下阕，诗人又把梅花的形象向纵深引导，它虽俏丽但不掠春之美，只是一名春天的使者，为我们送来春的讯息。而当寒冬逝去，春光遍野的时候，梅花却独自隐逸在万花丛中发出欣慰的欢笑。朗诵时，应深化梅花的形象，把它设想为一名共产主义国际战士的形象，这样才能诵出内涵。同时做到情、声、气自如结合，运用抑扬顿挫的技巧，使作品“活”起来。

七律·长征

毛泽东

红军不怕远征难，万水千山只等闲。
五岭逶迤腾细浪，乌蒙磅礴走泥丸。
金沙水拍云崖暖，大渡桥横铁索寒。
更喜岷山千里雪，三军过后尽开颜。

【朗诵指要】

这是一首威武雄壮、气势磅礴的革命史诗。它生动形象地概括了红军长征的光辉战斗历程，热情洋溢地歌颂了中国工农红军不畏艰险、英勇顽强的革命英雄主义和革命乐观主义精神，充分显示了中国共产党领导的革命力量无比顽强的生命力和战斗力。朗诵时应以轻快豪迈、气度不凡为总体基调。开头两句是全诗的总纲，朗诵时应把握好气势。它高度概括了红军在毛泽东和党中央的统率下于整个长征过程中所表现出来的亘古未有的英雄气概和百折不挠的勇毅精神。“不怕”、“只等闲”应处理为重音，充分显示出红军战士钢铁般的革命意志和大无畏的英雄气概。“五岭逶迤腾细浪，乌蒙磅礴走泥丸”这两句紧承上句的“万水千山”，先具体写山。这样有意缩小人的视觉比例，正是为了反衬红军，突出表现红军敢于藐视并战胜一切困难的高大形象和精神伟力。“金沙水拍云崖暖，大渡桥横铁索寒”这两句写水，既实写红军长征途中抢渡金沙江、飞夺泸定桥的两次战斗，又虚写红军长征途中跋涉的无数急流险滩。“更喜岷山千里雪，三军过后尽开颜”，结尾这两句写长征的最后路程，是全诗的高潮。“更喜”两个字的朗诵处理，一方面应表现红军战士在极其艰苦条件下的乐观主义精神，另一方面又要表现红军战士对美好革命前途的向往和自信。

蝶恋花·答李淑一

毛泽东

我失骄杨君失柳，
杨柳轻飏直上重霄九。
问讯吴刚何所有，
吴刚捧出桂花酒。

寂寞嫦娥舒广袖，
万里长空且为忠魂舞。
忽报人间曾伏虎，
泪飞顿作倾盆雨。

【朗诵指要】

这首词是作者写给当时的湖南长沙第十中学语文教员李淑一的。词中的“柳”指李淑一的丈夫柳直荀烈士，湖南长沙人，作者早年的战友。1959 年 2 月，李淑一把她写的纪念柳直荀的一首《菩萨蛮》寄给作者，作者写了这首词答她。这首词运用浪漫主义手法，抒写杨、柳两位忠魂到九重天进入月宫的情状，抒发了对他们的无限怀念之情，歌颂了他们的崇高品质和永垂不朽的革命精神。朗诵时应做到自然生动，深情感人。

七律·答友人

毛泽东

九嶷山上白云飞，帝子乘风下翠微。
斑竹一枝千滴泪，红霞万朵百重衣。
洞庭波涌连天雪，长岛人歌动地诗。
我欲因之梦寥廓，芙蓉国里尽朝晖。

【朗诵指要】

这首诗在毛泽东所有诗作中最为绚丽飘逸，也最为讲究。前四句妙用古典神话传说，想象力瑰丽斑斓，情景交融，从神仙世界写到后四句的现实世界，举重若轻，自然婉转。这首诗整个场景都属湖南，自然所写之情景也立足于湖南。诗人的怀念之情通过最初的四句之后又来到了一个新的画面，这画面不仅令诗人高兴，同时也可以告慰诗人的朋友以及过世的亲人、爱侣。新中国阵阵汹涌的建设社会主义的热浪在洞庭湖畔、橘子洲头翻卷起一曲感动天地的颂歌，响彻湘江大地。诗人从忆念之情转入对欣欣向荣的祖国的感奋之情。其中“我欲因之梦寥廓”化用《梦游天姥吟留别》中“我欲因之梦吴越”句，以“寥廓”代“吴越”，境界更为扩大，随着这寥廓苍茫的晨景，诗人似乎真的梦回到他芙蓉盛开、朝霞满天的家乡。朗诵时应充分了解写作背景及相关典故，仔细分析文本，提炼作品的主题，挖掘作品蕴含的思想感情，做到有感而发，大气磅礴。

一棵开花的树

席慕容

如何让你遇见我
在我最美丽的时刻

为这
我已在佛前求了五百年
求佛让我们结一段尘缘
佛于是把我化作一棵树
长在你必经的路旁

阳光下
慎重地开满了花
朵朵都是我前世的盼望

当你走近
请你细听
那颤抖的叶
是我等待的热情

而当你终于无视地走过
在你身后落了一地的
朋友啊
那不是花瓣
是我凋零的心

【朗诵指要】

诗之灵魂在于情，情真意切才有诗。席慕容的《一棵开花的树》把一位少女的怀春之心表现得情真意切，震撼人心。诗一开篇，一位美丽端庄、大胆坦率的少女形象就倾泻而出，鲜明动人。没有惊天地、泣鬼神的山盟海誓，“最美丽”三字把少女追求纯洁、神圣、伟大、美好的爱情之心描绘得细致入微、淋漓尽致，却又没有一丝一毫的矫揉造作。这首诗成功地突出了抒情主人公与开花的树、物与我的关系，凝聚成传情达意的意象群落，以及将感受视听化的艺术效果，读之不由人不叹息。尤其是，一棵树“阳光下慎重地开满了花”，极具画面感，极具视觉冲击力，几乎开在读者心里，让人过目难忘。全诗体现的总体风格是宁静、执着。在看似平淡的语气下，是波澜起伏的心的大海。朗诵时应含蓄、淡雅、晓畅、自如。

致——

雪　莱

有一个字眼太多地被亵渎，
使我不愿再加亵渎，
有一种情感太虚假地被轻侮，
使你不能再加轻侮；
有一种希望太酷似绝望，
让谨慎的心无须去扑灭，
只要是从你那儿得到的怜悯
总比别人的更为亲切。

我不能给你人们所说的爱，
我的心呈现的是崇拜，
连上苍也不会拒绝的啊，

你若接受又有何碍？——
这是飞蛾对星光的追求，
这是黑夜对晨曦的渴望，
这是从我们悲哀的星球向远方倾注的一片向往。

【朗诵指要】

这是英国著名诗人雪莱的一首爱情诗。这首诗是雪莱献给简·威廉斯的，诗人与简·威廉斯的丈夫是好朋友。诗中表达的爱是一种纯洁、崇高的爱，是一片崇拜之情。朗诵这首诗时应深刻理解到，诗人将心灵的领域向外扩展，不仅仅是情爱，而是世界所隐藏的美——那是诗人的理想所在，即诗中“向远方倾注的一片向往”。正因为这样，诗中的爱被升华至尽善尽美的境界。朗诵用声应该虚实结合，轻缓而隽永。

对衰老的回答

周　涛

孩子们不会想到老，
当然新鲜的生命连死亡也不会相信。
青年人也没工夫去想老，
炽烈的火焰不可能理解灰烬。
但是，总有一天衰老和死亡的磁场，
会收走人间的每一颗铁钉！
我想到自己的衰老了，
因为年龄的吃水线已使我战栗、吃惊；
甚至于在梦中都能感到，
生命的船正渐渐下沉。

“但是别怕！”我安慰自己，
人生就是攀登，
走上去，不过是宁静的雪峰。
死亡也许不是穿黑袍的骷髅，
它应该和诞生一样神圣。
我也设想了自己的老境——
深秋叶落的梧桐，
风沙半掩的荒村；
心的夕阳，
沉在岁月的黄昏，
稀疏的白草在多皱的崖顶飘动；
颤抖滞涩的手笔，
深奥莫测的花镜，
借一缕冬日罕见的阳光
翻晒人生的全部历程。
“累吗？”我想问自己，
回首往事，最高的幸福应该是心灵的不能平静。
我很平凡，不可能活得无愧无悔，
我很普通，也不敢奢望猎取功名。
我宁肯做一匹消耗殆尽的骆驼
倒毙于没有终点的途中；
我甘愿是一匹竭力驰骋的奔马
失蹄于不可攀援的险峰。
让我生命的船在风暴降临的海面浮沉吧，
让我肺腑的歌在褒贬毁誉中永生。
我愿接受命运之神的一切馈赠，
只拒绝一样：平庸。
我不要世俗的幸福，

却甘愿在艰难曲折中寻觅真金，
即使我衰老了，我也是骄傲的：
瞧吧，这才是真正好汉的一生！
白发如银，那是智慧结晶；
牙齿脱落，那是尝遍艰辛。
我将依然豪迈，依然乐观，
只是思想变得大海般深沉。
命运哪！你岂能改变得了我的本性？
我会说：“我生活过了，思索过了，
用整整的一生做了小小的耕耘。”
我愿身躯成为枯萎的野草，
却不愿在脂肪的包围中无病呻吟；
我愿头颅成为滚动的车轮，
而决不在私欲的阵地上固守花荫；
我愿手臂成为前进的路标，
也决不在历史的长途上阻挡后人。
这才是老人的美啊——
美得庄严，美得凝重。
岁月刻下的每一笔皱纹，
都是耐人寻味的人生辙印，
这才是我的履历，我的碑文，
才是我意志的考场，才能的准秤。
而且，越是接近死亡，
就越是对人间爱得深沉；
哪怕躯壳已如斑驳的古庙，
而灵魂犹似铜铸的巨钟！
生活的每一次撞击，
都会发出浑厚悠远的声音。

假如有一天，
我被后人挤出这人间世界，那么，
高山是我的坟茔，
河流是我的笑声，
在人类高尚者的丰碑上，
一定会找见我的姓名！

【朗诵指要】

这是新疆著名军旅诗人的代表作。诗人旷达而深情地倾吐了自己对衰老的回答是不倦地生活和工作。从中我们可以窥见一个人在其一个个生命的驿站上，对生命的不同心理征候，对生活极其细腻而炽热的感情和瑰丽宽远的想象，被看成是“另一形态上的更广义的诗，是更具魄力与风度的诗”。朗诵时应充分调动情感，满怀对生命的挚爱，追求乐观的态度，迎接新的一天。做到情绪饱满，语气铿锵有力。

相信未来

食　指

当蜘蛛网无情地查封了我的炉台
当灰烬的余烟叹息着贫困的悲哀
我依然固执地铺平失望的灰烬
用美丽的雪花写下：相信未来

当我的紫葡萄化为深秋的露水
当我的鲜花依偎在别人的情怀
我依然固执地用凝霜的枯藤
在凄凉的大地上写下：相信未来

我要用手指那涌向天边的排浪
我要用手掌那托住太阳的大海
摇曳着曙光那支温暖漂亮的笔杆
用孩子的笔体写下：相信未来

我之所以坚定地相信未来
是我相信未来人们的眼睛
她有拨开历史风尘的睫毛
她有看透岁月篇章的瞳孔

不管人们对于我们腐烂的皮肉
那些迷途的惆怅、失败的苦痛
是寄予感动的热泪、深切的同情
还是给以轻蔑的微笑、辛辣的嘲讽

我坚信人们对于我们的脊骨
那无数次的探索、迷途、失败和成功
一定会给予热情、客观、公正的评定
是的，我焦急地等待着他们的评定

朋友，坚定地相信未来吧
相信不屈不挠的努力
相信战胜死亡的年轻
相信未来、热爱生命

【朗诵指要】

这首诗作于1968年。作品以其深刻的思想、优美的意境、朗朗上口的诗风让人们懂得了在逆境中，怎样好好地生活，怎样自我鼓励，怎样矢志不渝地恪守自己对明天的承诺。尽管面对残酷的现实，却始终不渝地热爱祖国、相信未来，充分表达了作者的爱国情怀和乐观主义精神。鞭策人们不管人生多么艰辛、命运多么坎坷，都要对未来充满信心，向命运挑战。全诗基本上遵从了四行一节，在轻重音不断变化中求得感人效果的传统方式；以语言的时间艺术，与中国画式的空间艺术相结合，实现了诗人所反复讲述的“我的诗是一面窗户，是窗含西岭千秋雪”的艺术。通读该诗，虽然我们感受更多的不是轻松而是压抑，不是快乐而是痛苦，但从诗人那压抑和痛苦的吟哦中，我们也真切地感受到了诗人那撼人心魄的信念——无时不在渴望和憧憬着光明的未来以及为理想和光明而奋斗挣扎。每一节最后的“相信未来”是作品反复出现的主题句，要读出感染力。

热爱生命

食 指

也许我瘦弱的身躯像攀附的葛藤，
把握不住自己命运的前程，
那请在凄风苦雨中听我的声音，
仍在反复地低语：热爱生命。

也许经过人生激烈的搏斗后，
我死得比那湖水还要平静。
那请去墓地寻找我的碑文，
上面仍刻着：热爱生命。

我下决心：用痛苦来做砝码，
我有信心：以人生去做天秤。
我要称出一个人生命的价值，

要后代以我为榜样：热爱生命。

的确，我十分珍爱属于我的
那条曲曲弯弯的荒草野径，
正是通过这条曲折的小路，
我才认识到如此艰辛的人生。

我流浪儿般地赤着双脚走来，
深感到途程上顽石棱角的坚硬，
再加上那一丛丛拦路的荆棘
使我每一步都留下一道血痕。

我乞丐似的光着脊背走去，
深知道冬天风雪中的饥饿寒冷，
和夏天毒日烈火一般的灼热，
这使我百倍地珍惜每一丝温情。

但我有着向旧势力挑战的个性，
虽是历经挫败，我绝不轻从。
我能顽强地活着，活到现在，
就在于：相信未来，热爱生命。

【朗诵指要】

这首诗写于“十年动乱”结束后不久的1979年，堪称是《相信未来》的姊妹篇。它们影响了整个一代人，当年的许多知青，在生活极其艰难和理想接近破灭时，正是《相信未来》和《热爱生命》鼓励他们顽强地活下去。诗人以异乎寻常的坚毅和刚强、执着和热烈，以一种近于悲壮的口吻告诉我们，不管人生多么艰辛，不论命运多么坎坷，都必须愈挫愈勇，坚忍不拔，百折不回，忍辱负重，向命运挑战，实现生命的价值。这一切都昭示了诗人那崇高而严正的命题："相信未来，热爱生命"！这首诗在意象的撷取上，有一个非常显著的特点，就是多选取那些带有痛苦和悲哀色彩的客观物象，如"攀附的葛藤"、"凄风苦雨"、"荒草野径"、"顽石棱角的坚硬"、"拦路的荆棘"、"冬天风雪"、"夏天毒日"等等，这些意象，看似信手拈来，实际上是诗人的真力弥漫，万象归怀。这些意象，借物载情，寓理于形，极具内质和张力，充分构筑了全诗的沉郁悲慨、深沉丰沛的思想和感情的内蕴以及独特的诗美空间。朗诵时要注意悲壮而不悲戚，凝重而不沉重，感慨而不感伤，迷惘而不迷惑。

我爱这土地

艾　青

假如我是一只鸟，
我也应该用嘶哑的喉咙歌唱：
这被暴风雨所打击着的土地，
这永远汹涌着我们的悲愤的河流，
这无止息地吹刮着的激怒的风，
和那来自林间的无比温柔的黎明……
——然后我死了，
连羽毛也腐烂在土地里面。

为什么我的眼里常含泪水？
因为我对这土地爱得深沉……

【朗诵指要】

这首诗作于1938年，饱经沧桑的祖国正遭受日寇铁蹄的践踏。作为诗人的艾青，坚定地汇入民族解放斗争的洪流中，并成为时代的“吹号者”。在诗的第二节，作者笔锋一转，由上文对歌唱者动态的描述，转而对“我”进行了一个近镜头的特写。这是以设问的方式进行的。“眼里常含泪水”这样一个静态的特写，表现了悲愤痛苦的情感恒久萦绕于“我”的心中。“因为我对这土地爱得深沉”，目睹山河破碎、生灵涂炭的现实，对祖国爱得愈深，心中的痛苦也愈强烈。最后两句是全诗的精华，它是那个苦难的年代，一切爱国知识分子对祖国的最真挚的爱的表白。这种爱刻骨铭心，至死不渝，不仅来自诗人内心深处，更是全民族普遍的爱国情绪的浓缩。艾青以这两句诗，抒发了那个时代华夏儿女共同的心声。朗诵时要重点把握。整篇作品基调应凝重而深沉。

不老的雷锋

吴　凯

看见山花就想起你
你在缤纷的春天里
走在雨中就想起你
你在夏日的雨夜里

雷锋啊雷锋
岁月无情不老的你
你在昨天的记忆中
你在人民的心坎里

听见笑声就想起你
你在助人的欢乐里
闻着芬芳就想起你
你在醉人的秋风里

雷锋啊雷锋
时光荏苒不老的你
你在今天的生活中
你在明天的歌谣里

【朗诵指要】

雷锋一直是中国家喻户晓的全心全意为人民服务的楷模，几十年来不断在媒体上宣传“学雷锋活动”，将雷锋作为人民群众学习的榜样。人们将政治上紧跟中国共产党，工作中努力，日常生活中主动帮助别人、勤俭节约，称之为“雷锋精神”。雷锋在他短暂的一生中助人无数，激励着一代又一代人向他学习。这首诗短小精悍，朗朗上口，表达时应深情缅怀，热情赞颂，注意对比重音的灵活运用。

致吴斌——你住进了我们心中

佚　名

你用坚强直面铁块无情的冲击
你用毅力隐忍着体内的剧痛
你用责任撑起了二十四位乘客的天空
你用爱拯救了二十四个完整的家庭

吴斌，你让我们认识到什么叫美丽
吴斌，你告诉我们什么是责任
吴斌，你触动了我们的心灵
吴斌，你让整个世界感动

你淡定地将旅途驶入安全的港湾
你娴熟地将车停在宁静的岁月
你牵挂的是满车乘客的安危
你唯一忘记的是自己的生命

今天，我们的心久久不能平静
今天，你让整个民族热泪盈眶
今天，你用平凡诠释了爱的伟大
今天，我们为你感到骄傲
我们会铭记你生命的最后一分十六秒
我们会默默地为你祈祷

其实
你并没有离开
只是
住进了我们的心中

【朗诵指要】

2012 年 5 月 29 日中午，杭州长途客运二公司司机吴斌驾驶从无锡开往杭州的大客车，在途经沪宜高速公路时，一块数公斤重的铁片击碎正在高速路上以每小时 90 公里行驶的大巴车的挡风玻璃，直接刺入他的腹部。吴斌在肝脏破裂、多根肋骨折断的情况下，忍着人生的十级痛，用 1 分 16 秒的标准停车动作，完成了靠边停车、拉手刹、打开双闪灯等保障安全的动作，让行驶在高速路上的大巴稳稳停下，并挣扎着站起来，疏导24名乘客安全离开，保全了车上乘客的性命……6月1日凌晨，吴斌经抢救无效去世，享年48岁。吴斌的事迹，让我们重新认识了什么是伟大，其实伟大就是平凡人在别人需要自己的时候作出一种道德选择。这首诗感人肺腑，情真意切，表达时要注意联系事件背景，有感而发，做到情景交融。

我是一条河

冯　至

我是一条小河，
我无心从你的身边流过，
你无心把你彩霞般的叶影儿
投入了河水的柔波。

我流过一座森林，
柔波便荡荡地
把那些碧绿的叶影儿
裁剪成你的衣裳。

我流过一座花丛，
柔波便粼粼地
把那些彩色的花影儿
编织成你的花冠。

最后我终于
流入无情的大海，
海上的风又厉，浪又狂，
吹折了花冠，击碎了衣裳！

我也随着海潮漂漾，
漂漾到无边的地方；
你那彩霞般的影儿，
也和幻散了的彩霞一样！

【朗诵指要】

这是一首赞美爱情的诗。“你”是什么呢？“你”是美好事物的象征。从一至三节我们可以看出主体“我”对客体“你”的追求始终不渝。尽管“你”无心把“彩霞般的影儿”投入“我”“河水的柔波”，但是，“我”却始终是你的仰慕者和追求者，无论“我”经过哪里，森林也好，花丛也罢，“你”都是我这条小河的唯一。第四节是转折，表明主体“我”的无奈和身不由己。朗诵时，要把握作品的内在节奏，在语速和语调上，应似小河潺潺流淌，舒缓而深情，从第二节开始，变得从容且一往情深。第四节掀起高潮，声调集约，感情亢奋。第五节收束，声调复归舒缓，在不情愿的诉说里，带着淡淡的惋惜。

中国，我为你喝彩

夏树忠

你唱着春天的故事走进新时代，
捧出宏伟的蓝图迎着春风铺开。
多少梦想多少希望今朝在实现，
让神州大地喜报频传汇成花海。
世界惊叹你成功崛起，
日月赞美你造福万代。

你同太阳一道喷薄升起，
高扬着五星红旗跃上世界舞台。
啊，中国，我为你自豪，
啊，中国，我为你骄傲。

你唱响和谐的旋律拥抱未来，
用你一身光热塑造崭新的时代。
爱心挽起天下朋友一路向太阳，
愿中国和世界永远与春天同在。
世界赞扬你繁荣昌盛，
日月歌唱你奉献慷慨。
你是东方一颗璀璨的明星，
闪耀着魅力光辉照耀五洲四海。
啊，中国，我为你自豪，
啊，中国，我为你骄傲。

【朗诵指要】

这是一首献给祖国的抒情诗。其最鲜明的特点就是节奏感强，使人产生强烈的情感共鸣。朗诵时千万不要拖泥带水，要干脆利落，激情澎湃，张弛有度。

祖国，向您的生日敬礼

赵鑫华

大海欢歌，群山起立，
十三亿神州，向您生日敬礼，
你披荆斩棘，开辟崭新天地，
你栉风沐雨，探寻致富轨迹，

不屈的信念，浇铸民族崛起，
把沧桑岁月，谱成时代旋律。

礼花飞舞，红灯贺喜，
猎猎的红旗，向您节日敬礼，
你大潮澎湃，潮头昂首屹立，
你春风化雨，滋润和谐富裕，
蓝天歌颂你，把红旗挥上太空，
大江佩服你，把波涛化作动力。

啊，祖国，
一道道喜讯，渲染出盛世繁荣，
一个个强音，爆出你强大国力，
幸福的热泪，溢满高举的酒杯，
祖国，向您的生日敬礼。

【朗诵指要】

这是一首纪念祖国生日的抒情诗。磅礴大气，直抒胸臆。朗诵时，要注意语言的时代感和节奏感，每一句、每一节都要铿锵有力，节奏鲜明。朗诵者要感情饱满、热情高涨。

我们的图腾

余师夷

我们的图腾，
是龙，
是凤，
是猛醒的睡狮，

是不已的鸡鸣，
是扶摇直上九万里的鲲鹏。

我们的图腾，
是长江，是黄河，
是故宫，是长城，
是半坡，是青铜；
是仓颉之哭，是本草纲目，
是苏武牧羊，是公车上书，
是齐民要术，是甘石星经，
是丝绸之路，是亚洲雄风；
是河洛图与莫高窟，
是孔夫子与道德经，
是浑天候与地动仪，
是司母戊大方鼎，
是清明上河图，
是离骚与红楼梦。

我们走出了蒙昧的时代，
我们迎来了东方的文明。
我们憧憬世界大同，
我们不断攀登高峰。
我们的图腾是奔腾，
奔腾是我们的生命。
盘古开天，夸父追日，
我们的祖先是奔腾。
炎黄肇始，金瓯一统，
我们的历史是奔腾。

奔腾使混沌变为有序，
奔腾使黑暗变为光明。
愿我们永远奔腾，
为了千年大国的崛起。
愿我们永远奔腾，
为了子孙万代的繁荣。

【朗诵指要】

余师夷是我国当代实力派寓言家和诗词作家，这首诗创作于2006年。作品深邃、厚重、大气，表达了作者满腔的爱国热情。朗诵时应充分调动形象思维，情绪慷慨激昂，充满民族自豪感。语言表达应做到虚实结合、轻重相间。

诗意的中国

雨　山

微风细雨打开了秋天的书页
田野里想起辽远的秋歌，
玉米熟了，稻谷熟了
一亩亩铺展开的黄色
淹没了村庄
淹没了城市
这就是我眼中的祖国
幸福在此刻
蔓延成诗意的海洋

不说黄河
不说长江
不说九百六十万平方公里的胸怀
不说十三亿两千万的能量
多年以来，在我内心
祖国是一个美丽的词汇
冰雪晶莹在北方
繁花似锦在南方
海天一色在东方
山川豪迈在西方
千山万水，黄沙黑土
祖国那么远
远到只能在内心深处
浅吟低唱

当窗外响起欢呼
那一刻
申奥成功，“神五”飞天
一个小小的我
在中原小村
与祖国一起呼吸
一起心跳
不仅是十月
激动人心的时刻
甚至每时每刻
祖国那么近
我在祖国的心里
幸福生活

生活是诗意的
正如诗意的祖国
迎来诗意的十月
六十年的风雨
六十行的诗篇
描写了城市
刻画了村庄
昌盛起来的祖国
一字一句
都昭示着蓬勃

【朗诵指要】

这是湖南衡阳诗人雨山为新中国六十周年谱写的一曲颂歌，语言洗练，直抒胸臆，诗情绵绵，将一腔爱国激情倾情吐露。朗诵时应把握好诗歌的节奏感，激情澎湃，心潮起伏，语言灵动，语势灵活。

十月放歌（节选）

胡　子

从金黄的田野里走来
没有理由我们不为那沉甸甸的丰收放歌
从那镰刀斧头光芒指引的大道上走来
没有理由我们不为那红火火的事业放歌
南湖游船，井冈翠竹，延安枣林
梦乡中，多少次我们相拥相吻

那北国飘香的麦穗
那南国早春的莺花
那东部城乡的繁忙
那西部沃土的苏醒
点燃了我们所有的激情和快乐
在十月，祖国——母亲
我们为您大声放歌

您的胸怀宽广而充满力量
您的目光睿智而意味深长
从南昌起义黎明的那第一声枪响到遵义会议上那划时代的抉择
从延安窑洞的朗朗书声到西柏坡燃起的长明油灯
无数革命先烈前仆后继
无数共产党人一往无前
皑皑雪山不会忘记
茫茫草地不会忘记
杨家岭成长起来的孩子不会忘记
西柏坡的苍松翠柏也不会忘记
不会忘记那个在血火洗礼中诞生的名字
不会忘记那个始终以为人民群众谋福祉为宗旨的政党
猎猎飘扬的旗帜是一种吸引
是一种感召和鼓舞的神奇力量
引领亿万中国人从贫弱走向强大，从封闭走向开放

以挑战者的形象出现
以征服者的英姿登场
用奥运会上的金牌，体现一个民族的强盛
用发射场上的火箭，再现巨龙腾飞的形象
用香港澳门的回归，证明综合国力的强大

用“神七”飞天的壮举，抒写航天事业的自豪
用崛起的跨世纪宣言，迎来整个世界羡慕的目光
……

【朗诵指要】

这首诗饱含着作者的思想感情与丰富的想象，语言精练而形象性强，具有鲜明的节奏、和谐的音韵，富于音乐美。朗诵时应注意情绪饱满，声音层次多变，语气虚实结合。

湘江踏歌

周国清

承载着历史
书写着现实
奔放着未来啊
我的湘江梦
激荡着每一次心跳
澎湃着每一条脉管
那是沿江休闲的时时愉悦
那是八百里长堤守护的夜夜平安
那是流向洞庭湿地深处的声声鹤鸣
那是鱼翔浅底的粼粼波光
那是垂纶的悠悠怡情
那是提纲的网网喜悦
那是泛舟迎风的阵阵欣喜
那是击浪中流的勃勃豪情
那是深水港湾里的一声声汽笛

竞千舟
升万帆
那是过江隧道中的隆隆车流
日夜不息
演示着现代都市的繁忙
那是天堑变通途的坦坦大道
一桥飞跃,数桥飞跃,数十桥飞跃
将心与心紧紧相连

【朗诵指要】

因为心中有爱,所以有诗。湖南作家周国清生于资水之野,长于湘江之滨。二十年漫漫军旅生涯,数十次参与波澜壮阔的抗洪抢险战斗,使他这一滴资水的水珠,已经深深融入了湘江母亲的怀抱。因为作者心中常怀感恩,所以有爱。爱湘江,爱湘江之滨的这一方土地,更爱湘江两岸勤劳善良的人们。朗诵时,应有感而发,深情款款。

永远的丰碑

石　祥

也许你已长久安睡,也许你已化作蝶飞。
你的形象走进我的梦中,你的嘱托在我耳边萦回。
也许你已长久安睡,也许你已化作蝶飞。
你献身革命走南闯北,你面对屠刀视死如归。
热的血,冷的泪,步如风,头不回。
你在我前面引路,我在你身后跟随。
你是谁?你是谁?你是谁?

啊，
阳光下一座巍巍的丰碑。
阳光下一座巍巍的丰碑。

也许你已铸成青山，也许你已融入碧水。
你的歌声放飞和平鸽哨，你的精神与那日月同辉。
也许你已铸成青山，也许你已融入碧水。
你献身的地方一片苍翠，你留下的足迹绽放花蕾。
民之魂，国之粹，传千秋，色不褪。
一代新人站起来，先烈回眸应笑慰。
你是谁？你是谁？你是谁？
啊，
红旗下无数永远的丰碑。
红旗下无数永远的丰碑。

【朗诵指要】

这是我国著名词作家石祥为中央电视台《永远的丰碑》栏目创作的主题歌的歌词。为回顾党的历史，永远铭记革命先辈的英名和丰功伟绩，缅怀他们的精神和风范，从 2005 年 2 月 1 日起，人民日报社、新华社、中央人民广播电台、中央电视台等中央主要媒体，同时开展《永远的丰碑》大型主题宣传活动。一个个鲜明的历史人物，一个个感人至深的革命故事，昭示着华夏儿女的崇高理想和人生追求，诠释着中华民族的传统美德、革命理想和建设祖国的热情。朗诵时，我们应缅怀先贤、告慰英烈，牢记历史，传承遗志，用肺腑的真情讴歌与赞美。

三、寓言故事

小猫的倾听

郎悦洁

有一天，猫妈妈把小猫叫来，说："你已经长大了，三天之后就不能再喝妈妈的奶，要自己去找东西吃。"小猫惊恐地问妈妈："妈妈，那我该吃什么东西呢？"

猫妈妈说："你要吃什么食物，妈妈一时也说不出来，就用我们祖先留下的方法吧，这几天你躲在屋顶上、梁柱间、箱笼里、陶罐边，仔细倾听人们的谈论，他们会教你的。"

第一天晚上，小猫躲在梁柱间偷听，一个大人对孩子说："小宝，把鱼和牛奶放在冰箱里，小猫最爱吃鱼和牛奶了。"

第二天晚上，小猫躲在陶罐边，听见一个女人对男人说："老公，帮我的忙，把香肠、腊肉挂在梁上，小鸡关好，别让小猫偷吃了。"

第三天晚上，小猫躲在屋顶上，从窗户里看到一个妇人唠叨自己的孩子："奶酪、肉松、鱼吃剩了，也不收好，小猫的鼻子特别灵，明天你就没得吃了。"

就这样，小猫每天都非常开心，它回家告诉猫妈妈："妈妈，果然像你说的一样，只要我保持倾听，人们每天都会教我该吃些什么。"

靠听别人的谈话，学习生活的技能，小猫终于成为身体敏捷、肌肉强健的大猫。它后来有了孩子，也是这样教导孩子的。

【朗诵指要】

这则寓言给我们的启示是，想成功，就先听听一些成功人士的经验，它会是我们沟通未知世界的一个很好的方式。朗诵时，要运用虚拟的角色去"扮演"，语气稍微夸张一点，读出情趣和哲理。

农夫和蛇

佚　名

在一个寒冷的冬天，一个农夫上山打柴，看见一条冻僵了的蛇，很可怜它，就弯腰捡起来放进自己怀里，想把它救活。

蛇在农夫温暖的怀里慢慢苏醒过来，便恢复了本性，狠狠地朝着农夫的胸前咬了一口。蛇毒随着血液迅速流遍了农夫全身，不久农夫就奄奄一息了。临死时，农夫叹了一口气，说道："我真该死！居然去可怜恶人，这是我的报应啊！"

【朗诵指要】

这个故事是说，做人一定要分清善恶，只能把援助之手伸向善良的人。对那些恶人即使仁至义尽，他们的本性也是不会改变的。朗诵时要注意突出农夫后悔的语气，告诫人们要明辨是非。

强者不吹牛

亚　琼

小老鼠、小白兔、大公鸡比谁最厉害，在一起吹牛。

老鼠说："我最厉害，有一次和大象决斗，我钻进它的鼻孔里，咬得它直喊饶命！对于我，大象都不在话下，还有什么可怕的呢！"

小白兔对小老鼠说："你这个小地豆子，按体重比我小二十倍，也敢在这儿逞能？我是三次马拉松的冠军获得者，一次还创造了世界纪录，连赛跑能手猎豹都惧我三分！"

大公鸡说："你们都给我住嘴！俗语云'雄鸡一唱天下白'，太阳都按我的叫声出来，连人类也听我的指挥，按我的命令起床下地，因此老子天下第一！”

他们正在不着边际地吹牛，旁边的草丛中躺着一只老虎，似睡非睡，似醒非醒，听了他们的话，闭目微笑。过了一阵，老虎忽然打了一个哈欠，不由自主地说：“好困呀！”

老鼠、白兔、公鸡一听，无不抱头鼠窜……

【朗诵指要】

这则寓言给我们的启示是，吹牛的人，充其量只能算是“纸老虎”，一旦实力雄厚的“真老虎”出现在他面前，他只会落荒而逃。所以，不断地给自己充电吧，机遇与成功永远只会青睐有实力的人。朗诵时不要急于求成，要把故事的来龙去脉讲述清楚，小老鼠、小白兔、大公鸡三个不同角色的语气要有所不同，并变换音色和音量，尽量贴近角色的个性特点。

镜　子

金　江

狮子大王的面貌生得非常丑陋，但它不相信自己的面貌丑陋，专门怪镜子不好，便下令征求一面最好的镜子。

许多动物都争着把自己做成的好镜子送给狮子，希望得到重赏。

可是越是好的镜子，把狮子的脸照得越明显。狮子生起气来，把送镜子的动物都咬死了。

狐狸知道了狮子的心意，就画了一张非常美丽的脸相，嵌在镜子当中，便把这镜子献给了狮子。

狮子拿起镜子来一照，里面映出的是一张极美丽的脸，狮子快乐地笑起来说：“这才是好镜子！”于是重重地奖赏了狐狸。

世界上的确有一种人，不说自己脸孔丑，专门怪镜子不好。这种人假如有人阿谀他的脸孔漂亮，他便会飘飘然，真正觉得自己是世界上少有的美人了。

【朗诵指要】

这篇寓言故事揭露了世界上有一种人专门喜欢被阿谀奉承，宁要虚假，不要真实，自欺欺人，盲目自大。朗诵时要把握好狐狸和狮子的性格特征：狐狸狡猾，善于投机钻营；狮子凶恶、自大，对自己的缺点视而不见，只喜欢别人的奉承。

蠢　驴

邵　京

有头驴子，听到人们骂它“蠢驴”很不服气，它想学样本事，气气人们。

驴子想：我跟谁学本事呢？对了，跟老虎学捕食。啊，不行，它虽然有本事，可太凶残了。对了，跟孔雀学化妆。啊，不行，它虽然有本事，可太风流了。对了，和蜜蜂学建筑。啊，不行，它太爱唠叨。唉，跟谁学好呢？

驴子思前想后，觉得没有合适的本事可以学。于是，它决定拜访猴子，请它出出主意。要知道，猴子可是有个聪明的脑袋。

猴子听驴子诉完苦衷，想了一会儿，说：“我看啊，你还是去买些书吧，据我所知，有学问的人都有很多书。要知道，有学问可是件好事，会得到许多人的赞扬。”

就这样，驴子买来了许多书，它觉得，从此以后，自己就是学问家了，人们再也不会对它出言不逊。谁知，它还是听见人们骂“蠢驴”。

驴子伤心极了，决定再去问问猴子。

猴子听完驴子的叙述，埋怨道："你可真笨，买了书要看啊。要知道有学问的人可都爱'咬文嚼字'！"

驴子茅塞顿开，它乐颠颠地跑回家，拼命咬书，看见字就嚼，折腾了好几天，才把文"咬"掉，把字"嚼"完。这下，驴子可神气啦，认为自己真的成了天下有名的学问家。

可是，真奇怪，不知为什么，驴子仍然听见人们叫它"蠢驴"。

【朗诵指要】

故事批评了某些见异思迁、六神无主、到头来一事无成的人，同时给那些望文生义的人开了个小小的玩笑。朗诵时要把握好"驴子"的心理活动，突出其"幼稚"、"愚蠢"的特点，语气应稍稍夸张，做到表情丰富，绘声绘色。

狐假虎威

佚　名

有一天，一只老虎正在深山老林里转悠，突然发现了一只狐狸，便迅速抓住了它，心想今天的午餐又可以美美地享受一顿了。

狐狸生性狡猾，它知道今天被老虎逮住以后，前景一定不妙，于是就编出一个谎言，对老虎说："我是天帝派到山林中来当百兽之王的，你要是吃了我，天帝是不会饶恕你的。"

老虎对狐狸的话将信将疑，便问："你当百兽之王，有何证据？"狐狸赶紧说："你如果不相信我的话，可以随我到山林中去走一走，我让你亲眼看看百兽对我望而生畏的样子。"

老虎想这倒也是个办法，于是就让狐狸在前面带路，自己尾随其后，一道向山林的深处走去。

森林中的野兔、山羊、花鹿、黑熊等各种兽类远远地看见老虎来了，一个个都吓得魂飞魄散，纷纷夺路逃命。

转了一圈之后，狐狸洋洋得意地对老虎说道："现在你该看到了吧？森林中的百兽，有谁敢不怕我？"

老虎并不知道百兽害怕的正是它自己，反而因此相信了狐狸的谎言。狐狸不仅躲过了被吃的厄运，而且还在百兽面前大抖了一回威风。

【朗诵指要】

这则寓言告诉我们，对于那些像狐狸一样仗势欺人的人，我们应当学会识破他们的伎俩。朗诵时，要细心把握狐狸和老虎的个性特征，表达得栩栩如生，入木三分。

孔雀惜尾

佚　名

有一只雄孔雀的长尾巴真是漂亮极了，金黄和翠绿的颜色互相交错，在阳光下闪烁着艳丽的光泽，令人惊叹大自然的造化竟有如此神奇美妙的杰作，这绝不是一般的画家用七彩笔所能描绘得出来的。

岂止是人类羡慕雄孔雀美丽的尾羽，就连这雄孔雀自身也因这美丽而陶醉，以致进一步养成了嫉妒的恶习。它虽然已经被人类驯养很久了，但只要是见到有少男少女穿着颜色鲜艳的服装在大街上行走，仍然禁不住妒火中烧，总要撵上去啄咬几口，才肯罢休。

早先，这只雄孔雀每逢在山里栖息的时候，总是要首先选择好一个能掩藏尾羽的地方，然后再来安置身体的其他部位。可是有一天，天上突然下起了大雨，雄孔雀因躲避不及，而淋湿了漂亮的尾羽，这使它好痛心啊。恰在此时，手持罗网捕鸟的人来到了面前，而这只孔雀还在珍惜顾盼自己漂亮的尾羽，不肯展翅高飞逃离这个地方，于是只好落入了捕鸟人撒下的罗网。

【朗诵指要】

雄孔雀有着美丽的长尾羽，这本来是一件值得骄傲的事。但它却对自己的这一优长之处珍爱得太过分了，结果反而招致祸患。朗诵时要把握好寓意，即雄孔雀的下场警示人们：如果有谁对自己缺乏自知之明，将某个长处当包袱背起来，为其所累，这时好事就有可能变成坏事，引出本来不该发生的后果。

一头学问渊博的猪

佚　名

一头绝顶聪明的猪，住在一个非常出名的图书馆的院子里。它深信自己由于多年图书馆的生涯，已经成了渊博的学者。

有一天，一只八哥来访问。这头猪立即按照惯例，对客人进行自我介绍。

“朋友，请相信我吧！”它说，“我在这个图书馆里待的时间很长了，我对这儿的沟渠、粪坑、垃圾堆，都有着深刻的了解，甚至屋后山坡上的墓穴都拱翻了好几个。谁要是想在这个图书馆得到知识而不找我，那他算是白跑了一趟。”

八哥说：“你所说的都是图书馆外面的事，那里面的东西也了解吗？”

“里面？”这头学问渊博的猪说，“那我最清楚不过了。里面无非是一些木头架子，上面堆满了各式各样的书。”

“你对那些书也了解吗？”八哥问。

“怎么不了解呢？”这位渊博的学者说，“那是最没意思的了。

它们既没有什么香气，也没有什么臭气，我咀嚼过好几本，也谈不上有什么味道，干巴巴的，连一点儿水分也没有。”

“可是人们老在里面待着，据说他们在里面探求知识的宝藏呢！”八哥又说。

“人们？你说他们干什么！”这位猪学者说，“他们确实是那样想的，想在书里找点什么东西。我常常看到许多人把那些书翻来翻去，结果什么也没有得到，仍然把书丢在架子上又走了。我敢保证他们在里面连糠渣菜叶都没有得到一点，还谈什么宝藏！我从不做那种蠢事。与其花时间去啃书本，还不如到垃圾堆翻几个烂萝卜啃啃。”

“算了吧，我的学者！”八哥说，“一个从垃圾堆里啃烂萝卜的嘴巴，来谈论书本上的事，是不大相宜的。还是去啃你的烂萝卜吧！”

【朗诵指要】

这则故事告诉我们，人不能只注重表面现象，而不去追求事物的内在本质。朗诵时，要注意运用不同的语气和声音造型去塑造、刻画八哥和猪的不同性格、特点。

时间与爱的故事

佚　名

从前有一个小岛，上面住着快乐、悲哀、知识和爱，还有其他各类情感。一天，情感们得知小岛快要下沉了，于是，大家都准备船只，离开小岛。只有爱留了下来，她想要坚持到最后一刻。

过了几天，小岛真的要下沉了，爱想请人帮忙。这时，富裕乘着一艘大船经过。爱说：“富裕，你能带我走吗？”富裕答道：“不，我的船上有许多金银财宝，没有你的位置。”爱看见虚荣站在一艘华丽的小船上，说："虚荣，帮帮我吧！""我帮不了你，你全身都湿透了，会弄坏了我这漂亮的小船。"悲哀过来了，爱向她求助："悲哀，让我跟你走吧！""哦……爱，我实在太悲哀了，想自己一个人待一会儿！"悲哀答道。快乐走过爱的身边，但是她太快乐了，竟然没有听到爱在叫她！突然，一个声音传来："过来！爱，我带你走。"

这是一位长者。爱大喜过望，竟然忘了问他的名字。登上陆地以后，长者独自走开了。爱对长者感恩不尽，问另一位长者知识："帮我的那个人是谁？"知识老人答道："他是时间。""时间？"爱问道，"为什么他要帮我？"知识老人笑道："因为只有时间才能理解爱有多么伟大。"

【朗诵指要】

作品精心设置了一个特定的情境：荒凉的孤岛上，"住着快乐、悲哀、知识和爱，还有其他各类情感"。小岛快要下沉了，爱向各种人求救。富裕表现出的是贪婪自私，虚荣表现出的是不近人情，悲哀表现出的是消极萎靡，快乐表现出的是忘乎所以。只有时间，宽厚、仁慈、博大，乐于助人，解人危困。在这里，时间是真的代表，善的凝聚，美的化身。时间永恒，爱心伟大，时间使爱美丽，爱使时间增辉，时间和爱谱写了一曲美的旋律。朗诵时，要运用声音的差异、语气的变化、节奏的疾缓，将爱、富裕、虚荣、悲哀和知识等几个不同的角色区分开来，既灵活多变，又饱含哲理。

音频目录

21. 出塞/王昌龄　　朗诵：杨咏
22. 过零丁洋/文天祥　　朗诵：关键
23. 登岳阳楼/杜甫　　朗诵：姚高山
24. 将进酒/李白　　朗诵：方亮
25. 满江红/岳飞　　朗诵：成倍
26. 水调歌头/苏轼　　朗诵：春江
27. 梦游天姥吟留别/李白　　朗诵：方明
28. 钗头凤/陆游　　朗诵：于芳
29. 虞美人/李煜　　朗诵：杨曼
30. 浪淘沙/李煜　　朗诵：孙占山
31. 如梦令/李清照　　朗诵：邵丽英
32. 如梦令/李清照　　朗诵：刘明艳
33. 茅屋为秋风所破歌/杜甫　　朗诵：臧军湘
34. 岳阳楼记/范仲淹　　朗诵：路英
35. 青衣/毕飞语　　朗诵：卢莎莎
36. 一个人的双人舞/刘贝　　朗诵：刘静
37. 唐诗里的中国/吴克欣　　朗诵：杨波、罗玲
38. 想起妈妈/刘阳　　朗诵：陈小渝
39. 哈姆雷特/凯霞改编　　朗诵：黎江
40. 读书人是幸福人/谢冕　　朗诵：康辉
41. 军礼/佚名　　朗诵：刘剑
42. 永远的九岁/马凯臻　　朗诵：吴晓蕾
43. 昭君出塞/振荣　　朗诵：李玲
44. 乡愁/余光中　　朗诵：张妙阳
45. 祖国啊，我亲爱的祖国/舒婷　　朗诵：李娜
46. 致橡树/舒婷　　朗诵：姜立安
47. 沁园春·雪/毛泽东　　朗诵：方明
48. 沁园春·长沙/毛泽东　　朗诵：方亮

给世界以美好

——第2版后记

德国哲学家恩斯特·卡希尔（Ernst Cassirer）曾说过："艺术是一种形式的创造，是一种特殊形式的创造，即符号化了的人类情感形式的创造。"在我看来，生活中，人类最真诚的心灵倾诉、最美好的祝愿与期盼，都有可能融入朗诵艺术的浩瀚海洋。

朗诵艺术，既可以培育人的语言表达能力、阅读理解能力和思维反应能力，又可以孕育人文情怀，激发美好想象，升华人生境界。当前，我国各地的朗诵活动蓬勃展开，对弘扬传统文化，传承中华文明起到了巨大的作用。我们拥有一座座丰富而璀璨的文学宝库，那里蕴藏着无尽的正能量，倾情朗诵这些珍贵而隽永的文字，就是在与圣贤相会，在和历史对话。特别是广大青少年在各级各类朗诵艺术活动中，接受了博大精深的文化滋养，含英咀华、衔华佩实、浸明浸昌、沐仁浴义，使得自己的语言层面和精神世界都变得阳光、明朗起来。优秀传统文化的承继与发展，要靠一代又一代的有识之士对民族文化的认同与自信。在世界文化多元化碰撞的今天，将朗诵艺术扎根民族文化的土壤，让有声语言去承载语言文字的精神内涵，是我们义不容辞的责任和义务。

七年前，在恩师张颂先生的推荐下，我应中国传媒大学出版社之邀，选编了这本《朗诵艺术指要》，虽为一本通俗读物，但几次重印，受到广大读者的喜爱。2012年11月10日，敬爱的张颂老师因病魔袭击，永远地离开了我们，离开了他心爱的亲人，离开了他酷爱的讲坛，离开了他挚爱的话筒，离开了他疼爱的学生，留给后辈们无尽的忧伤和缅怀。2013 年 5 月 11 日，张颂先生骨灰正式安放在北京万安公墓，墓地翠柏环绕、祥和静穆，黑色大理石的台座上叠放着同样质地的《朗读学》、《朗读美学》等张颂老师的代表作。墓碑上张颂老师半身浮雕亲切随和，“春蚕到死丝方尽，蜡炬成灰泪始干”，先生手捧《中国播音学》，仿佛还在给学生们讲课……

在《朗诵艺术指要》修订再版之际，我又一次重读张颂老师所写的序言，不禁心潮澎湃，泪如泉涌。我觉得，这本书的光彩之处，全在先生所写的序言之中。他从朗诵艺术的“启蒙与普及”、“有稿与无稿”、“艺术与审美”、“历史与现实”、“情调与腔调”等几个方面进行了深入浅出的论述，字字珠玑，句句在理，饱含了先生对朗诵艺术的真知灼见，浸润了先生对朗诵事业的无比热爱。今日读来，依然倍感亲切，深受启发。

而这本书对所选朗诵篇目的“指要”，大多是我个人的“兴之所至”和“一时的感受”。或是感叹一两句诗文的精妙所在，或是为作品的生动情节和绝妙意境所折服，或是结合史实典故和当下形势作一番遐想。当然，不同的读者会有不同的阅读兴趣，相同的文章也会有不同的朗诵感受。“指要”只是想给大家提供一个思路，仅此而已。相对于其他意识形态，文学当然应该是轻松的，那么，我们又为什么不轻轻松松地上路呢？

感谢李水仙和张旭两位编辑的精心编校。感谢著名播音艺术家方明老师长期以来的提携与鼓励，每每有新作问世，他总会欣然题词祝贺，他的字，犹如他的声音一般，刚柔相济，匠心独具，神采飞扬。感谢各位播音艺术家的倾情朗诵，他们声情并茂，风格各异，魅力无穷，用充满爱的声音，给世界以美好！2010 年 4 月，在张颂老师来湖南卫视参与《天天向上》节目录制期间，专门为我已着手修订的这本书录制了几篇朗诵稿。今天，恩师的声音虽已成为绝响，但他却永远留驻在我们心中。

“音声永播，风范长存”。谨以此后记，祝福敬爱的张颂老师在九泉之下安息，祝福目前健在的各位播音界前辈幸福安康，祝福所有的读者朋友事事如意！

曾致

2013 年 5 月 20 日

主要参考书目

《朗读学》(第三版)	张颂著	中国传媒大学出版社
《朗读美学》	张颂著	中国传媒大学出版社
《播音创作基础》(第三版)	张颂著	中国传媒大学出版社
《朗读艺术》	符·尼·阿克肖诺夫著	上海辞书出版社
《朗诵训练指导》	伍振国著	中国广播电视出版社
《朗诵艺术的技巧与赏析》	郭玉斌著	文化艺术出版社
《播音语言表达技巧》	柴璠著	中国广播电视出版社
《节目主持技能训练》	曾致著	宁夏人民教育出版社
《朗诵艺术创造》	赵兵、王群著	汉语大词典出版社
《文艺作品演播技巧》	罗莉著	中国广播电视出版社
《朗读与朗读指导》	毛世桢著	西藏人民出版社
《朗诵的艺术》	刘剑著	上海科学技术文献出版社
《朗诵艺术及水平等级考试纲要》	毕一鸣编著	江苏人民出版社
《节日朗诵诗选》	李小雨主编	湖南文艺出版社

图书在版编目(CIP)数据

朗诵艺术指要/曾致编著.—2版.--北京:中国传媒大学出版社,2013.5
(2024.5重印)
ISBN 978-7-5657-0695-0

Ⅰ.①朗… Ⅱ.①曾… Ⅲ.①朗诵—语言艺术 Ⅳ.①H019

中国版本图书馆CIP数据核字(2013)第073898号

朗诵艺术指要(第2版)
LANGSONG YISHU ZHIYAO(DI-ER BAN)

编　　著	曾　致
责任编辑	李水仙　张　旭
封面设计	风得信书籍装帧·阿东
责任印制	李志鹏

出版发行	中国传媒大学出版社		
社　　址	北京市朝阳区定福庄东街1号	**邮　　编**	100024
电　　话	86-10-65450528　65450532	**传　　真**	65779405
网　　址	http://cucp.cuc.edu.cn		
经　　销	全国新华书店		

印　　刷	北京中科印刷有限公司
开　　本	880mm×1230mm　1/32
印　　张	7.875
字　　数	177千字
版　　次	2013年12月第2版
印　　次	2024年5月第8次印刷

书　　号	ISBN 978-7-5657-0695-0/H·0695
定　　价	32.00元(附在线学习资源)

本社法律顾问:北京嘉润律师事务所　郭建平